ESTAR CON JESÚS, SER COMO JESÚS Y SER PARA JESÚS

El camino hacia la madurez cristiana
y el próximo gran despertar

DOUG TWEED

WESTBOW
PRESS®
A DIVISION OF THOMAS NELSON
& ZONDERVAN

Puede hacer pedidos de libros de WestBow Press en librerías o poniéndose en contacto con:

WestBow Press
A Division of Thomas Nelson & Zondervan
1663 Liberty Drive
Bloomington, IN 47403
www.westbowpress.com
844-714-3454

ISBN: 978-1-6642-4635-5 (tapa blanda)
ISBN: 978-1-6642-4634-8 (libro electrónico)

Información sobre impresión disponible en la última página.

Fecha de revisión de WestBow Press: 10/29/2021

CONTENTS

Él es la imagen del Dios invisible, el
primogénito de toda creación.
Porque en Él fueron creadas todas las cosas, *tanto* en
los cielos *como* en la tierra, visibles e invisibles; ya sean
tronos o dominios o poderes o autoridades; todo ha
sido creado por medio de Él y para Él. Y Él es antes de
todas las cosas, y en Él todas las cosas permanecen.
Él es también la cabeza del cuerpo *que es* la iglesia. Él
es el principio, el primogénito de entre los muertos,
a fin de que Él tenga en todo la primacía. Porque
agradó *al Padre* que en Él habitara toda la plenitud,
y por medio de Él reconciliar todas las cosas consigo,
habiendo hecho la paz por medio de la sangre de
Su cruz, por medio de Él, *repito*, ya sean las que
están en la tierra o las que están en los cielos.

—Colosenses 1: 15–20

Mi primer libro, *Luna en la oscuridad* lo dediqué a mi bella esposa, Christie. Ahora, este libro también estará dedicado a mi increíblemente valiente y hermosa esposa, Christie, porque fue escrito mientras ella y yo caminábamos con el Señor a través del oscuro valle de un cáncer de páncreas que asaltó su cuerpo, pero nunca tuvo acceso a su espíritu, su corazón o su alma. Los últimos capítulos del primer borrador se escribieron junto a su cama, y la pieza final del primer borrador, la dedicatoria, fue escrita mientras nos preparábamos para que ella partiera de su cuerpo, regresara a casa y estuviera con el Señor cara a cara para siempre (2 Corintios 5: 6-9).

Christie se fue al cielo el 5 de septiembre de 2020; hay un versículo que aplica tanto para Christie como para este libro: "Pues para mí, el vivir es Cristo y el morir es ganancia." (Filipenses 1:21).

PREFACIO

La mayoría de los escritores utilizan el prefacio para agradecer a las personas, pero, aunque tengo muchas personas a quienes dar mis agradecimientos, prefiero para esta introducción, ofrecer una disculpa en primer lugar, y, en segundo lugar, hacer una solicitud.

Quiero disculparme por la falta de historias en este libro. Creo que las historias —tanto de experiencias personales como de experiencias de otros— son importantes, educativas, agradables, inspiradoras e inolvidables; aprecio su poder, pero no me siento atraído para contarlas aquí.

Como exabogado litigante, motivado por una vida para el ministerio del cuerpo de Cristo, soy un pensador que cree en la Biblia y que conecta los puntos; por ese motivo, este es un libro que cita la Biblia y conecta puntos. Hay 577 citas acerca de las Escrituras en esta obra, y pienso que ellas nos acercan mucho más a Dios de lo que nos han hecho creer; por ello, considero que este escrito está especialmente dirigido a aquellas personas con corazones ansiosos de tener más a Dios en sus vidas y en su mundo.

Mi petición es que, al leer este libro, leas las Escrituras que se citan en él, puesto que cada versículo bíblico es un "punto" celestial de verdad. Y, así como las tres reglas de bienes raíces son "ubicación, ubicación, ubicación", te digo que las tres reglas de interpretación de las Escrituras son "contexto, contexto, contexto". Si aislamos los versículos o los conectamos de manera incorrecta, muchas veces obtendremos una visión distorsionada de lo que Dios está revelando; pero cuando conectamos esos puntos de la manera correcta, interpretando cada versículo a la luz de toda la Escritura, vemos imágenes maravillosas sobre la verdad y oportunidad que Dios quiere que veamos.

Espero y oro para que buenas historias se susciten al leer este libro, y te agradezco el tiempo que vas a tomar en leerlo.

INTRODUCCIÓN

Pero no ruego solo por estos, sino también por los
que han de creer en Mí por la palabra de ellos, para
que todos sean uno. Como Tú, oh, Padre, *estás* en
Mí y Yo en Ti, que también ellos estén en Nosotros,
para que el mundo crea que Tú me enviaste.
La gloria que me diste les he dado, para que sean
uno, así como Nosotros somos uno: Yo en ellos, y
Tú en Mí, para que sean perfeccionados en unidad,
para que el mundo sepa que Tú me enviaste, y
que los amaste tal como me has amado a Mí.

—Juan 17: 20–23

Él que dice: "Yo lo he llegado a conocer", y no guarda
Sus mandamientos, es un mentiroso y la verdad
no está en él. Pero el que guarda Su palabra, en él
verdaderamente se ha perfeccionado el amor de Dios.
En esto sabemos que estamos en Él. El que dice que
permanece en Él, debe andar como Él anduvo.

—1 Juan 2: 4–6

"Jesús les dijo otra vez: "Paz a ustedes; como
el Padre me ha enviado, *así* también Yo los
envío". Después de decir esto, sopló sobre *ellos*
y les dijo: "Reciban el Espíritu Santo".

—Juan 20: 21–22

Se han escrito algunos libros y blogs extraordinarios sobre la necesidad desesperada que tiene nuestra nación y el mundo de un avivamiento espiritual, —algunos lo llaman el próximo Gran Despertar—. Y, a decir verdad, he leído varios libros de esos y me declaro un gran admirador de ellos. Sin embargo, esta obra no trata sobre nuestra necesidad de avivamiento, porque para mí es un hecho.

Asimismo, se han escrito otros libros y blogs excelentes sobre nuestra necesidad de oración ferviente y perseverante para provocar el próximo Gran Despertar; también he leído varios de ellos. De hecho, he escrito artículos y he dirigido conferencias de capacitación de tres días sobre ese tipo de oración. Sin embargo, esta obra tampoco tratará sobre nuestra necesidad de tal oración, porque para mí eso también es un hecho.

Este libro trata sobre las características del próximo Gran Despertar y sobre los ingredientes que necesitamos para que eso suceda.

Al igual que en tiempos pasados de avivamiento espiritual, habrá sorpresas celestiales para el próximo Gran Despertar; sin embargo, sus características principales son predecibles, puesto que hay un patrón de tiempos pasados relacionados con el avivamiento. Aquí veremos, a través de las Escrituras, cómo el Señor planea que el patrón continúe.

El Señor quiere que conozcamos estas características por adelantado para que sepamos qué buscar y encontrar. Nuestras ganas, nuestras oraciones y nuestra búsqueda de estas características son los ingredientes que aportaremos para la preparación de este Gran Despertar. Todo lo demás, incluido el fuego santo y la creciente desesperación del mundo lo proporcionará Él.

Comenzamos con una descripción general: el próximo Gran Despertar será un movimiento de Dios tanto nacional como internacional — será un despertar basado en la Biblia, glorificador del Padre, dirigido por Cristo y empoderado por el Espíritu Santo, cada uno arraigados en el amor ágape —. No será un *amor* como el del mundo y como gran parte de la iglesia en la actualidad lo ve. Será un amor ágape como el que se describe en las Escrituras y derramado por el Espíritu Santo, y se centrará en tres cosas: intimidad, santificación y misión.

La *intimidad* es, principalmente, desarrollar una relación cada vez más estrecha y amorosa con Jesucristo, que busca nada menos que la "unidad" por la que Él oró que tuviéramos con Él en Juan 17: 20–23. La intimidad con Jesús a través del Espíritu Santo nos traerá una relación cada vez más profunda y amorosa con el Padre celestial como Sus amados hijos. También aumentará en gran medida nuestra capacidad de amar a nuestras hermanas y hermanos en Cristo, y a todos los demás a quienes Dios ama.

Debido a que necesitamos un objetivo fácil de recordar y, ya que algunas personas se acobardan con la palabra *intimidad*, llamaremos a este objetivo estar en Jesús.

Santificación es una palabra teológica que habla sobre el proceso de santificar; Dios es santo y llama a su pueblo a ser santo (1 Pedro 1: 14–16).

Ser santo significa apartarse del mundo y su maldad para que podamos unirnos a Dios y Su bondad; esto es justicia, no legalismo, pues es la "obediencia a la fe" la que alinea nuestras vidas con las declaraciones de Dios acerca de lo que es bueno y lo que no (Romanos 1: 5).

La santificación es el proceso de llegar a ser semejantes a Cristo, restaurados y convertidos a la imagen y semejanza de Dios, — a la que fuimos diseñados —. Por consiguiente, llamaremos a este objetivo ser como Jesús.

Es importante destacar que nunca alcanzaremos nuestras metas de intimidad con Jesús sin la santificación; y, sin intimidad y santificación, nunca tendremos éxito en nuestra misión celestial.

La *misión* tiene que ver con nuestro propósito en esta tierra. A diferencia de las iglesias institucionales, concentradas en encontrar una hermandad eclesiástica compatible, entretenerse espiritualmente, elegir su filosofía religiosa personal o tener una mentalidad de "solo conseguir la salvación", nuestra verdadera misión son las buenas obras que el Señor preparó incluso antes de que nos convirtiéramos en nuevas criaturas en Cristo (Efesios 2: 8-10). La misión es una parte integral de la esperanza, el futuro y la vida abundante que Dios tiene para nosotros (Jeremías 29:11; Juan 10:10).

Nunca llegaremos a desarrollar una intimidad plena con Jesús si no aceptamos la misión que nos asigna como Señor. En realidad, nunca seremos semejantes a Cristo a menos que, al igual que Jesús, nos neguemos a nosotros mismos y carguemos nuestra cruz todos los días (Lucas 9:23; Filipenses 2: 4–8). Para estar con Jesús y ser como Jesús, debemos estar para Jesús.

Ahora bien, ¿qué hay de las ansias evangélicas de avivamiento para que provoquen una cosecha de almas? Te digo que esta será una parte maravillosa de este Gran Despertar, pero no será la causa. La verdad se hablará en amor a los perdidos por personas que los aman, así como Dios los ama a ellos (Efesios 4:15). Cuando el Espíritu Santo venga convencerá a las personas por sus pecados y las motivará a una vida de justicia dado que les mostrará que otros siguen a Jesús, es decir, que viven y aman como Él (Juan 16: 7–11).

¿Qué hay de las ansias de los movimientos carismáticos y pentecostales para un avivamiento lleno de prodigios y milagros? Esta también será una parte maravillosa de este Gran Despertar, pero no será la causa del renacimiento. La fe obrará a través del amor (Gálatas 5: 6), y las oraciones conforme a Dios serán contestadas si han sido hechas para buenos propósitos (Santiago 4: 3). El poder divino fluirá a través de vidas que ni apagan ni contristan al Espíritu Santo (1 Tesalonicenses 5:19; Efesios 4:30). Haremos las obras de Jesucristo y obras aún mayores si vivimos en unidad con Jesús tal como Él vive en unidad con Su Padre (Juan 14: 10–14, 17: 20–23).

¿Qué pasa con el ansia que tienen muchos cristianos litúrgicos y tradicionales por la justicia social y un cambio cultural positivo? El Gran Despertar generado por el Señor a partir de hombres y mujeres santificados y profundamente relacionados con Jesús será transformador para la iglesia; de hecho, llevará a muchos cristianos existentes a nuevos niveles de gloria mientras prepara a nuevos cristianos celestialmente energizados y debidamente discipulados (2 Corintios 3:18; 1 Tesalonicenses 1: 6-7). El Espíritu Santo puede usar una iglesia transformada para convencer y cambiar una comunidad, una región o una nación (Juan 16: 7–11; Mateo 13: 31–32).

Esos cambios culturales positivos no se basarán según los estándares del hombre, sino según los principios de Dios —normas bíblicas—, acerca de lo que es bueno o malo y justo o injusto (Amós 5: 14-15). No deberíamos conformarnos con menos.

Muchos de ustedes notarán que las características que se presentan aquí para el próximo Gran Despertar son también las características cristianas que promueven la verdadera madurez espiritual. A decir verdad, cada avivamiento importante en la historia de la iglesia ha sido previsto por Dios para motivar, liberar, educar y llevar a Su pueblo a una mayor madurez en Cristo (Juan 14: 3–6; Colosenses 1:28; Efesios 4: 11–16). Ahora, debido a que este próximo Gran Despertar puede ser el último, se acumulará, integrará y agregará a todo, las lecciones aprendidas en avivamientos pasados; el Señor Jesús tiene la intención de quitar toda mancha, arruga e imperfección de Su iglesia para que sea espléndida y gloriosa (Efesios 5: 25-27).

Nuestro Señor ama a los intercesores fervientes y perseverantes que oran por los próximos avivamientos. Esta vez, creo que Él está llamando a esos guerreros de oración a permanecer avivados mientras oran para que el mismo avivamiento llegue a otros. Además, Él está llamando a un pueblo decidido a estar en Jesús, ser como Jesús y estar para Jesús, porque serán el núcleo con el que el Señor encienda este próximo Gran Despertar y el timón que usará para mantener al barco siguiendo su rumbo.

> Cada renacimiento importante ha sido previsto por Dios para motivar, liberar, educar y llevar a Su pueblo a una mayor madurez en Cristo

1

EL PATRÓN DE
AVIVAMIENTOS PASADOS

Y nadie echa vino nuevo en cueros viejos; de otra manera
el vino nuevo romperá los cueros, y el vino se derramará,
y los cueros se perderán. Más el vino nuevo en cueros
nuevos se ha de echar; y lo uno y lo otro se conserva.

—Lucas 5: 37–38 (NKJV)

Pero Yo les digo la verdad: les conviene que Yo
me vaya; porque si no me voy, el Consolador no
vendrá a ustedes; pero si me voy, se lo enviaré.
Y cuando Él venga, convencerá al mundo de
pecado, de justicia y de juicio; de pecado, porque
no creen en Mí; de justicia, porque Yo voy al Padre
y ustedes no me verán más; y de juicio, porque
el príncipe de este mundo ha sido juzgado.

—Juan 16: 7–11

El patrón de avivamientos pasados y su compañero principal, la reforma,
deben entenderse dentro del contexto del vino nuevo y los odres que se
necesitan para contenerlo. También debe entenderse como una expresión
del ministerio de convicción del Espíritu Santo.

EL VINO FRESCO NECESITA ODRES NUEVOS Y MEJORADOS

Los odres nuevos de la época de Jesús eran flexibles y con suficiente espacio para expandirse, ya que el vino nuevo que se vertiera en ellos continuaría fermentándose y produciendo gases. Por el contrario, los odres viejos eran rígidos y cualquier esfuerzo que se ejerciera en ellos al usarlos para vino nuevo los romperían y echarían a perder.

En esta parábola, Jesús ilustra lo que creo que sucede con el paso del tiempo en prácticamente todo "movimiento" transformador que se institucionaliza en la cultura humana. La estructura inicial de un movimiento proporciona el apoyo y las conexiones necesarias para su funcionamiento mientras que permite que el movimiento continúe formándose y creciendo; algo muy similar a la función que ejerce un endoesqueleto en un animal vertebrado o un ser humano. Ejemplifico con la frase de Gary Larson en sus dibujos animados *Far Side* (Lado lejano): "Ser un 'pollo deshuesado' no nos llevará a ninguna parte".

Con el paso del tiempo, a medida que un movimiento se institucionaliza cada vez más, la organización hace de la autopreservación su máxima prioridad. De ahí que la estructura de esta se convierta en algo parecido a un exoesqueleto, como el de un cangrejo o una langosta, el cual debe quitarse antes de que se produzca una formación y un crecimiento adicional. Con esta analogía podemos darnos cuenta de que, por esta razón, las instituciones son extremadamente difíciles de cambiar.

Esta tendencia humana puede ayudar a explicar por qué se usaron dos palabras griegas diferentes para referirse a "nuevo" en la parábola de Jesús sobre el vino y los odres nuevos.

La palabra *neos* se usó para calificar al sustantivo *vino* — es una palabra que significa "nuevo", "joven" o "fresco" —. *Neos* significa nuevo en el tiempo, pero no es distinto de cualquier "viejo" al que reemplaza.

> Las instituciones son extremadamente difíciles de cambiar.

Por ejemplo, el vino del avivamiento es la Palabra de Dios y el Espíritu de Dios, los cuales llegan frescos a nosotros, pero nunca en toda la eternidad ha sido necesario cambiar o mejorar la Palabra o el Espíritu de Dios.

Por otra parte, *Kainos* se utilizó para calificar al sustantivo *odres*; es una palabra que se usa a menudo en las Escrituras para referirse a algo "nuevo" y mejorado", no solo fresco sino diferente de manera positiva y con respecto al "viejo" que reemplaza. *Kainos* se usó para describir nuestro nuevo pacto en Cristo, nuestra identidad en Cristo como nueva criatura, y el cielo nuevo, la tierra nueva y la nueva Jerusalén que viviremos después del regreso de Jesús (Lucas 22:20; 2 Corintios 5:17; Apocalipsis 21: 1–2). El Señor Resucitado dijo: "Yo hago nuevas [kainos] todas las cosas" (Apocalipsis 21: 5).

Los cristianos y sus comunidades de fe son los odres en los que se vierte el vino nuevo del avivamiento; la reforma implica cómo nos convertimos en odres nuevos y mejorados que puedan recibir plenamente ese avivamiento.

UN GIRO EQUIVOCADO

Un estudio completo sobre la historia de la iglesia abarcaría casi dos mil años, y sería valioso para cualquier cristiano que buscara entender cómo pasamos de Hechos 2 a donde estamos hoy. De acuerdo a nuestros propósitos, nos centraremos en un giro equivocado importante que ocurrió en la época del emperador romano, Constantino y, en varias rectificaciones de rumbo que comenzaron hace más de mil doscientos años después, a través de la Reforma Protestante en los siglos XVI y XVII, el Primer Gran Despertar en el siglo XVIII, el Segundo Gran Despertar en el siglo XIX, y lo que creo que fueron varias oleadas de un Tercer Gran Despertar en el siglo XX; por lo tanto, solo daré una descripción general de estos escenarios y creo que el panorama será claro.

Después del nacimiento de la iglesia en Pentecostés, días después de la ascensión de Jesús, esta permaneció vibrante y fructífera durante unos 275 años, a pesar de la persecución tanto judía como romana. No obstante, alrededor del año 313 d.C., el emperador Constantino abrazó el cristianismo y comenzó una mezcla entre la iglesia y el Imperio Romano.

Los historiadores debaten los detalles, pero en general, todos concuerdan que, como resultado de un sueño, una visión o alguna otra motivación, Constantino hizo colocar un símbolo cristiano en los escudos de sus soldados antes de comenzar una batalla clave por el control del imperio. Tras la victoria, el emperador corrigió la actitud que el Imperio Romano tenía hacia el cristianismo y, de hecho, puso fin a la persecución, propiciando lo que se convertiría en un trato más favorecido para los cristianos.

Poner fin a la persecución de los cristianos debe considerarse un avance positivo: se salvaron muchas vidas. Y, se pensaría que también podría ser un avance positivo ser favorecido políticamente sobre otras religiones. En la actualidad, muchos historiadores de la iglesia se refirieren a Constantino de esa manera.

Con todo esto, la trágica realidad es que el cristianismo pronto se convirtió en una religión de Estado, y las personas que buscaban el favor político optaron por profesarlo. Así mismo, los conquistados se vieron obligados a "convertirse" y, durante los doce siglos que siguieron, tanto a través de la Edad Media como del Renacimiento, la mezcla de iglesia y Estado condujo a una jerarquía eclesiástica, que buscaba constantemente el poder político y financiero, y a un sistema de familias reales en todo el mundo occidental, reclamando un "derecho divino" para gobernar y conquistar.

Como resultado hubo un tremendo aumento en el número de personas que afirmaban profesar la fe cristiana, y una tremenda disminución en el porcentaje de aquellas personas que de verdad vivían la vida que Cristo había ordenado.

En cierto sentido, lo que le sucedió a la iglesia fue muy parecido a lo que le había sucedido al pueblo hebreo cuando se fueron a vivir a Egipto en la época de José. Una vez más, se salvaron vidas, — esta vez de la hambruna en lugar de la persecución —.

> La trágica realidad es que el cristianismo pronto se convirtió en una religión de Estado.

Setenta personas libres entraron a Egipto con la aprobación de Faraón para que continuaran adorando al Dios de Israel (Génesis 46:27). Más de cuatrocientos años después, cuando Dios envió a Moisés para sacar al pueblo hebreo de Egipto, su pueblo había aumentado a un estimado de dos millones; esta era una generación de personas que solo habían conocido la esclavitud del faraón, nunca la libertad, y conocían la adoración de ídolos más que nada acerca de Dios (Éxodo 1: 7, 32: 1-10; Números 1: 45-46).

Atención, no estoy sugiriendo que no hubo buenos momentos para el cristianismo durante estos mil doscientos años; los historiadores y teólogos cristianos agradecen las contribuciones de personas como Agustín y Francisco de Asís. No obstante, a fines del siglo XV, mientras que casi todas las personas en Europa podrían haber sido etiquetadas como "cristianas", la iglesia estaba absolutamente empapada de corrupción doctrinal, política, financiera y sexual, entre otras cosas:

1. Jesucristo y Sus apóstoles sustituyeron la estructura del antiguo pacto del templo y a los sacerdotes con una estructura del nuevo pacto de ancianos; se nombró a los ministros y a todo cristiano en el ministerio como sacerdocio real de los creyentes (Efesios 4: 11-16; 1 Pedro 2: 9, 5: 1–5). Lamentablemente, se reestableció una jerarquía sacerdotal, abarrotada de trajes y un nuevo sumo sacerdote designado Papa; el ministerio del pueblo ya no se reconoció más.

2. Jesús alertó a su pueblo para que nunca abandonara la Palabra de Dios, ya sea apegándose a las tradiciones humanas o enseñando como doctrina la tradición de los hombres (Mateo 15: 1–9; Marcos 7: 1–13; Colosenses 2: 8). Sin embargo, ahora la iglesia declara que los decretos papales y las tradiciones de la iglesia están en pie de igualdad con las Escrituras divinas.

3. La Escrituras son claras al decir que la sangre de Jesús pagó completamente el precio de nuestros pecados y que, aunque los cristianos son llamados a hacer buenas obras, se recibe la salvación por gracia, a través de la fe, como un regalo de Dios y no por obras. (Efesios 2: 8– 9; Hebreos 9: 11-15, 24-28; 1 Juan 2: 2). Lastimosamente, los decretos papales afirmaron que las obras, incluidas las penitencias que asignan los sacerdotes, son necesarias para mantener la salvación y, que las indulgencias que vendieron los sacerdotes pueden disminuir los castigos divinos que todavía aguardan a, al menos, la mayoría de los creyentes antes de que puedan entrar al cielo.

4. Jesús dijo que todo discípulo debe tener, estudiar y obedecer Sus enseñanzas y mandamientos (Mateo 5: 17-20, 28: 19-20; Juan 14:21; 2 Timoteo 3: 16-17; Salmo 1, 119). Sin embargo, la mayoría de los cristianos se les había excluido de leer las Escrituras porque el idioma oficial traducido de la Biblia era solo el latín; a nadie se

le permitió traducir la Biblia a un idioma que la gente hablara y entendiera.

5. Muchas mujeres ocuparon puestos de gran responsabilidad en la iglesia primitiva, incluidas Priscilla, Chloe, Lydia, Phoebe y Junia (Gálatas 3: 28-29). Sin embargo, el patriarcado reinó en la iglesia por completo, aún más de lo que lo hizo en los pasillos de la realeza europea.

Enumero estos problemas específicos por dos razones: la primera es que nos ayuda a entender por qué el avivamiento no era ni siquiera una posibilidad remota en ese momento para la Iglesia Católica Romana. Su viejo odre era rígido con los deseos de guía pastoral y realeza secular, para justificarse y protegerse a sí misma. Peor aún, ese odre estaba tan obstruido por el pecado y la incredulidad que prácticamente nada de Dios podía fluir a través de él. La segunda razón por la que enumero estos problemas es para que podamos darnos cuenta de que los nuevos odres creados durante la Reforma Protestante no resolvieron todos los problemas: se hizo una corrección importante, pero solo la primera de varias que serían necesarias.

A manera de epílogo, creo que también es importante recordar que, en los siglos posteriores a la Reforma Protestante, la Iglesia Católica Romana eventualmente atravesó tiempos de reforma interna significativa, que están relacionadas con la corrupción, incluidas las traducciones de las Escrituras que no fueran del latín y una participación, cada vez mayor, de personas en el ministerio que no eran miembros del clero. Obviamente, todavía existen problemas importantes al igual que todavía hay problemas en el protestantismo, pese a todo, debo mencionar a algunos cristianos maravillosos adscritos hoy en día a la Iglesia Católica Romana. Líderes siervos como la Madre Teresa, Thomas Merton y Henri Nouwen han hecho valiosas contribuciones a la fe cristiana y al mundo para Jesús. Y, como hablaré más adelante, el Señor quiere alcanzar en el Tercer Gran Despertar a las congregaciones tanto protestantes como católicas romanas.

LA REFORMA PROTESTANTE

Durante la Reforma Protestante, Dios usó a personas valientes como Martin Lutero, Juan Wycliffe y Juan Calvino para restablecer la Palabra de Dios como autoridad reveladora para una vida fiel, desarticular las doctrinas impías que impedían a las personas lidiar con el pecado, a través del arrepentimiento, la gracia y la fe que enseña la biblia; y comenzar a cambiar las estructuras que mantenían a las personas separadas de Dios por medio de rituales religiosos vacíos, la inaccesibilidad de las Escrituras y el gobierno papal.

Dios también usó un agente de cambio secular: Johannes Gutenberg y su imprenta. Para una reforma o un avivamiento generalizado, debía haber una forma por la cual los vientos de cambio pudieran fluir más allá de una localidad específica. Vimos esto en la época de Jesús, cuando por primera vez en la historia los sistemas de carreteras del Imperio Romano permitieron viajar con seguridad por todo el mundo occidental. La imprenta potenciaría la rápida difusión de Biblias y enseñanzas bíblicas en todas partes en el propio idioma de las personas.

Sin la Reforma Protestante, los Grandes Despertares que siguieron nunca podrían haber ocurrido. La reforma precedió al avivamiento; se necesitaban odres nuevos y mejorados antes de poder servir vino fresco.

Como se sugirió anteriormente, se necesitaba un nuevo esqueleto. A este respecto, podemos aprovechar las imágenes divinas de Ezequiel 37. Primero, a través de la Reforma, Dios hizo que el profeta Ezequiel hablara a los huesos, y se unieron con tendones, carne y piel, pero no había espíritu en ellos (vs. 7-8). Luego, para el avivamiento y el despertar, Dios hizo que el profeta llamara al aliento de vida y, entonces, los vientos de Dios soplaron y la vida entró en los huesos (vs. 9-10).

EL PRIMER GRAN DESPERTAR

El Primer Gran Despertar (1730-1740) tuvo lugar a ambos lados del Atlántico en una época en la que las colonias americanas todavía estaban bajo el dominio británico. En ese momento, había varias denominaciones protestantes, y aunque sus doctrinas mejoraron mucho con respecto a los tiempos anteriores a la Reforma, sus servicios y acercamiento a la fe eran, salvo raras excepciones, todavía formales, impersonales y sin emociones. Los huesos estaban secos, y esa sequedad se estaba agravando por la influencia de un movimiento intelectual y filosófico en Europa que ahora llamamos *Ilustración*; este movimiento anteponía arrogantemente la razón humana como la forma más elevada de conocimiento.

Dios sopló sobre los huesos y el Espíritu Santo se movió primero, tal como Jesús había declarado en Juan 16: 8, trayendo convicción de pecado. A través de mensajes como los de Jonathan Edwards "Pecadores en las manos de un Dios enojado", el temor del Señor, que es el principio de la

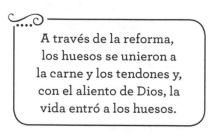

A través de la reforma, los huesos se unieron a la carne y los tendones y, con el aliento de Dios, la vida entró a los huesos.

verdadera sabiduría, se restauró en la iglesia (Salmo 111: 10) y, con él, se restauró el arrepentimiento personal y sincero (Mateo 4:17; Lucas 5:32; Hechos 2:38).

La convicción del pecado del Espíritu Santo se extendió más allá de los confines de la iglesia, encendiendo un deseo evangelístico de ver nacer de nuevo a todos los incrédulos — hombres y mujeres, blancos y negros, ricos y pobres, jóvenes y viejos—. (Juan 1:13, 3: 3-6). Además, predicadores como George Whitefield y John Wesley dejaron los santuarios para predicar en los campos y las calles.

El Espíritu Santo actuó en segundo lugar para traer convicción de justicia; las personas fueron llamadas a una vida de santidad consistente con su arrepentimiento. Esta santidad generalmente se enfocaba en la abstinencia de pecados comunes relacionados con las pasiones terrenales; sin embargo, John Wesley enseñó que la santidad debía expresarse, principalmente, a través de un corazón santificado de "amor perfecto", —amando sinceramente a todos los que Dios ama —. (Mateo 5: 43–48).

Hubo manifestaciones claras y frecuentes de la presencia de Dios durante este Primer Gran Despertar, y hubo manifestaciones claras y frecuentes de emoción humana que se extendieron más allá del arrepentimiento hasta el gozo de la salvación, la paz y la calidez del amor por los demás. Los huesos ya no estaban secos; pero, después de siglos de sequedad, todavía se veía con recelo el emocionalismo.

También hubo algunas manifestaciones de poder — sanaciones y personas invadidas por el Espíritu — que presagiaron la tercera área de convicción que el Espíritu Santo traería más tarde: convicción de juicio. No obstante, estas experiencias fueron desconcertantes para los líderes de la iglesia y los historiadores, puesto que no estaban acostumbrados a ver todo lo que los cristianos habían visto durante siglos y, en consecuencia, no les dieron la importancia que tenían.

Finalmente, aunque el Primer Gran Despertar se trató principalmente de vino fresco, no de odres nuevos, hubo una reforma continua: llevar la Palabra de Dios fuera del santuario es un ejemplo poderoso. Así mismo, John Wesley y el movimiento metodista crearon oportunidades para que tanto los no clérigos como las mujeres exhortaran, enseñaran y predicaran. También, la adoración enérgica con cánticos en la congregación se convirtió en una forma nueva y maravillosa para que los cristianos expresaran lo que el Señor estaba haciendo en sus corazones.

EL SEGUNDO GRAN DESPERTAR

El Segundo Gran Despertar (desde mediados del siglo XIX) ocurrió en los Estados Unidos, particularmente en el Noreste (con Charles Finney) y en la frontera de Kentucky-Tennessee (con Francis Asbury en Cane Ridge). Al igual que como ocurrió con el despertar anterior, para este despertar hubo un gran énfasis en el arrepentimiento personal y una vida santa. Una vez más, el Espíritu Santo quería convencer a la gente de pecado y justicia; por esta razón, Charles Finney y Francis Asbury continuaron enseñando que la meta de una vida santificada consistía en tener un corazón de amor perfecto.

Las reuniones de campo, como las que se desarrollaron en Cane Ridge, fueron ejemplos fulminantes de llevar la Palabra de Dios fuera del santuario. La expresión emocional, que ya no se veía con recelo, se vio como una manifestación de la poderosa presencia de Dios; la danza y los clamores se le añadieron al fuerte canto.

Los roles de las mujeres y los no clérigos continuaron expandiéndose debido a que Charles Finney frecuentemente ayudaba a las mujeres a organizar grupos de oración para que fortalecieran el avivamiento y, en efecto, hubo una mayor manifestación de poder sobrenatural. Hacia el final, los ministerios de sanación comenzaron a desarrollarse entre los grupos de santidad que se estaban organizando; esto se convirtió en un terreno fértil que el Espíritu Santo pronto usó para convencer a la iglesia de juicio.

Tanto en el Primero como en el Segundo Gran Despertar, el Espíritu Santo convenció a la gente de pecado y justicia. La mayor diferencia entre estos dos poderosos tiempos de avivamiento radica en que la función principal del Primer Despertar en los Estados Unidos fue traer vida a la iglesia existente y traer a los perdidos.

El Segundo Despertar también hizo lo mismo, pero este movimiento también tuvo un alcance tremendo fuera de la iglesia existente. Se formaron las primeras denominaciones cristianas negras: Iglesia Episcopal Metodista Africana e Iglesia Episcopal Metodista Africana de Sión, junto con las Iglesias

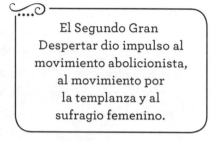

El Segundo Gran Despertar dio impulso al movimiento abolicionista, al movimiento por la templanza y al sufragio femenino.

de Cristo y una variedad de iglesias de santidad, incluida la Iglesia del Nazareno. La mayoría de los historiadores concuerdan que este Segundo Gran Despertar dio lugar, o como mínimo, impulsó el movimiento abolicionista, el movimiento por la templanza y el sufragio femenino.

EL TERCER GRAN DESPERTAR

Algunos dicen que aún no ha habido un Tercer Gran Despertar y otros sugieren que ya ha habido un tercer y un cuarto despertar. Personalmente, creo que el tercer gran despertar comenzó con el avivamiento de la calle Azusa en Los Ángeles, California (1906-1915).

El énfasis de Dios en la calle Azusa consistió en el poder sobrenatural y los dones espirituales descritos en 1 Corintios 12, incluyendo los milagros, las sanaciones, las liberaciones y el lenguaje espiritual: "hablar en lenguas". Este era el Espíritu Santo convenciendo a las personas de juicio, el tercer punto de la misión del Espíritu Santo como se describe en Juan 16.

Gran parte de la iglesia malinterpreta lo que Jesús quiso decir cuando habló sobre la convicción de juicio; más sin embargo, pienso que la convicción de pecado y la convicción de justicia son fáciles de entender. Primero, uno se da cuenta del poder destructivo del pecado y su suficiencia para separar a las personas de Dios. Luego nos convencen de que confiar en Jesucristo como Señor y Salvador nos reconciliará con Dios y, que vivir con rectitud en obediencia a la Palabra de Dios, nos llena con amor, salud, provecho, esperanza, gozo y paz.

La convicción de juicio no es simplemente un recordatorio de que algún día todos seremos juzgados por lo que hicimos en la tierra (Mateo 25; Apocalipsis 20: 12-13), pues esa advertencia está implícita en la convicción de pecado y justicia.

La convicción de juicio implica que el Espíritu Santo convence primero a la iglesia y luego al mundo acerca de que Satanás, "el gobernante de este mundo" ha sido juzgado (Juan 16:11). A través de la cruz, Jesús despojó los poderes de las tinieblas pagando el precio por los pecados de la humanidad (1 Juan 2: 2; Colosenses 2: 13-15). Jesús le quitó las llaves de la muerte y del Hades al enemigo y, en Su resurrección, Su Padre le dio toda autoridad en el cielo y en la tierra, incluido el derecho de dar a Sus discípulos las "llaves" de Su Reino, —es decir, autoridad bajo Su autoridad — (Mateo 16: 18-19, 28: 18-20; Apocalipsis 1:18).

La convicción de juicio significa entender que el que está en nosotros es superior que el que está en el mundo, y que todo lo podemos por medio de Jesucristo (1 Juan 4: 4; Filipenses 4:13). Jesús vino para destruir las obras del diablo y sanar a todos los que han sido oprimidos por él (1 Juan 3: 8; Hechos 10:38). Ahora, empoderados por el Espíritu Santo y la autoridad en el nombre de Jesús, los discípulos, conocidos también como Su iglesia, pueden hacer las mismas grandes obras que Él en demostración de cómo el bien puede vencer al mal (Hechos 1: 4-8; Juan 14: 12-14; Romanos 12:21).

Aunque algunas sanaciones y manifestaciones de hablar en lenguas habían tenido lugar en diferentes iglesias de santidad antes del avivamiento en la calle Azusa, es en esta calle donde el poder de Dios se manifestó con milagros increíbles y la voluntad de recibir "el bautismo del Espíritu Santo" (Mateo 3: 11; Hechos 1: 5, 2: 1-4). Por esta razón, la gente vino de todos los rincones del país y del otro lado de los océanos para ver a Dios moverse y recibir Su gracia. De hecho, se podría decir que solo una cosa ha equiparado la intensidad de los hechos asombrosos que se vivieron durante el avivamiento en la calle Azusa: es el nivel de rechazo que recibió de la mayoría de las iglesias estadounidenses existentes.

Parte de este rechazo proviene de la manera como el Señor continuaba reformando Su iglesia, ya que el avivamiento en la calle Azusa ocurrió fuera del ámbito denominacional-tradicional de la iglesia, y dentro de un almacén que convirtieron en santuario. Integró congregaciones interraciales, en gran parte, pobres o de "clase baja" e incluyó tanto a negros como a mujeres en posiciones de liderazgo destacado. Este es el tipo de revelación divina que Jesús elogió en Mateo 11: 25-26, y fue también la dirección en la que el Señor se había estado dirigiendo durante el Primer y Segundo Despertar; sin embargo, esto resultaba demasiado para que la mayoría de las congregaciones blancas y sus líderes masculinos manejaran.

El rechazo asomó su feo rostro debido a que la iglesia no había visto nada parecido a lo sucedido en la calle Azusa en más de mil quinientos años; es más, la mayoría de las iglesias fundamentalistas habían desarrollado una teología dispensacionalista para explicar la ausencia del poder del Espíritu Santo, y decir que los milagros y los dones sobrenaturales quedaron solo para el tiempo de Jesús y los apóstoles. Así mismo, muchas denominaciones principales adoptaron un enfoque racionalista de las Escrituras donde explicaban que los milagros nunca sucedieron literalmente, ni siquiera para Jesús ni sus apóstoles. Aunque ninguna de estas doctrinas tiene validez bíblica, era más fácil para ellos seguir abrazándolas que considerar la posibilidad de que Dios pudiera hacer algo especial con "esas personas" que no había hecho con "ellos".

> Las personas con síndrome de Nazaret piensan que sus propias experiencias los califican para determinar lo que el Señor puede y no puede hacer.

Personalmente, llamo a esta actitud síndrome de Nazaret (Mateo 13: 53–58). Las personas del pueblo natal de Jesús sentían que conocían bien a Jesús por todos los años que habían vivido con Él, por lo tanto, creían saber lo que ÉL podía y no podía hacer. Cuando Jesús volvió a su pueblo, después de estar fuera con sus discípulos, quienes deliraban con las sanidades y los milagros que Él estaba haciendo, la gente de su pueblo natal se mantenía escéptica: ellos mismos nunca habían visto nada por sus propios ojos. Jesús no hizo muchos milagros allí a causa de su incredulidad.

Es importante mencionar que, aunque la mayoría de la iglesia estadounidense rechazó rotundamente la oleada inicial de un Tercer Gran Despertar en la calle Azusa, se crearon más odres nuevos bajo la forma de Asambleas de Dios y otras denominaciones pentecostales, con un número de miembros a lo ancho del planeta de cerca de 300 millones de cristianos.

El Espíritu Santo no se detuvo a pesar de las interrupciones de la Primera Guerra Mundial, la Gran Depresión y la Segunda Guerra Mundial.

Tras la Segunda Guerra Mundial, reaparecieron poderosos indicios del poder de Dios en las denominaciones pentecostales, a través de los ministerios de varios evangelistas sanadores como William Branham, Oral Roberts, y el Movimiento de la Lluvia tardía. En la década de 1960, el movimiento carismático estalló dentro de cada una de las denominaciones que habían rechazado lo que el Espíritu Santo había manifestado cincuenta años antes en la calle Azusa. En este momento, el Tercer Gran Despertar y la convicción de juicio del Espíritu Santo se reanudaron.

Durante el movimiento carismático, un número significativo de congregaciones católicas romanas, evangélicas, de santidad y de línea principal comenzaron a abrazar los ministerios de sanidad y liberación, así como también, el bautismo del Espíritu Santo y los dones del Espíritu Santo, incluidos el don de lenguas y de profecía. Algunos comenzaron a pedir la restauración completa de los cinco ministerios del cuerpo de Cristo descritos en Efesios 4:11.

Por supuesto, la mayoría de las congregaciones existentes en estas denominaciones continuaron, junto con su liderazgo denominacional, rechazando las manifestaciones del Espíritu Santo. Disfrutaron del "vino añejo" y no tenían ningún deseo por el vino nuevo (Lucas 5:39). Sin embargo, muchos cristianos dentro de estas congregaciones que se resistían deseaban tanto ese vino nuevo que dejaron sus congregaciones para comenzar lo que creo que fue otro paso en la reforma continua de la iglesia: las iglesias no denominacionales.

No estoy sugiriendo aquí que todas las iglesias no denominacionales en la actualidad sean mejores que todas las iglesias denominacionales existentes. No obstante, debemos recordar que la tendencia institucional para crear exoesqueletos aplica a las denominaciones cristianas.

Hace años, por la gracia de Dios, me encontré con una declaración del siglo XVII escrita por John Robinson, un pastor peregrino que hablaba a su congregación en la víspera de su partida hacia las colonias americanas. Les decía a los miembros de su congregación que nunca superarían al que eligieron como guía de la verdad: si hubiesen elegido a los luteranos, ellos no irían más allá de lo que Dios le permitió ver a Martín Lutero. Si hubiesen elegido el calvinismo, ellos tampoco irían más allá de lo que

Dios le reveló a Juan Calvino, y lo mismo aplicaría con John Wesley o con cualquier otro fundador denominacional.

No se puede poner a Dios en una caja, pues solamente Jesús, como Señor, puede diseñar y construir correctamente Su iglesia, y solo el Espíritu de la verdad puede guiarnos hacia toda la verdad (Mateo 16:18, 23: 8–10; Juan 16:13). En este sentido, a menos que el liderazgo denominacional permanezca humilde y abierto a aceptar el cambio iniciado por Dios, sus denominaciones siempre estarán estancadas con "vino añejo" Con el tiempo, como hemos visto en varias denominaciones, ese vino añejo comenzará a avinagrarse.

Hubo otros movimientos que podrían considerarse ampliamente como parte del movimiento carismático, algunos más controvertidos que otros, incluido el Movimiento de Jesús, el Movimiento de Viñedos, dirigido por John Wimber; la Bendición de Toronto; y, junto con los pentecostales, el avivamiento de Brownsville. Cada uno se ha enfocado en distintas áreas, pero han creído uniformemente, como todos los demás involucrados en este Tercer Gran Despertar, que el cristianismo debe expresarse no solo a través de palabras sino con demostraciones del Espíritu y el poder (1 Corintios 2: 4).

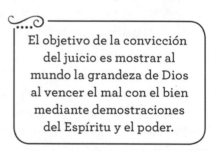

El objetivo de la convicción del juicio es mostrar al mundo la grandeza de Dios al vencer el mal con el bien mediante demostraciones del Espíritu y el poder.

Los tres Grandes Despertares pasados fueron poderosos pero imperfectos; el Tercer Despertar incluyó particularmente algunas actividades que muchas personas todavía encuentran inquietantes. Con todo, debemos recordar que cuando Dios remueve y sacude las cosas, tanto lo bueno como lo no tan bueno sale a la superficie (Hebreos 1: 26-29). Si le permitimos a Dios hacer el tamizado, Él hará las correcciones necesarias tal y como lo hizo con la iglesia en Corinto y, al final, solo las cosas buenas permanecerán (1 Corintios; Mateo 3:12).

EL PRÓXIMO PASO

El primer, segundo y tercer Gran Despertar fueron todos planeados por Dios; el patrón de estos grandes despertares es consistente, paso a paso, con el patrón de convicción enunciado en Juan 16: 7-11. Se requieren las tres áreas de convicción y necesitamos comprender la meta del Espíritu Santo en las tres.

El avivamiento siempre debe comenzar con la convicción de pecado; pero la convicción del pecado comienza con el temor de Dios. Sin embargo, es importante mencionar que la meta de la convicción de pecado no es la condenación (Romanos 8: 1). Se trata de una relación reconciliada con Dios a través de Jesucristo, donde reconocemos el increíble amor de Dios por nosotros y lo amamos a ÉL también con todo nuestro corazón, mente, alma y fuerzas. De esta manera, el miedo se convierte en admiración y reverencia, y la relación de amor se convierte en intimidad, — es decir, en un compromiso honesto de estar con Jesús —.

Nuestro deseo de estar y tener una relación profunda con Dios abre nuestro corazón a la convicción de justicia: hacer lo que Dios quiere que hagamos porque Él nos ama, y porque nosotros lo amamos y confiamos en Él. Esto comienza con una mejor conducta, pero el objetivo de la convicción de justicia se trata mucho más de quiénes somos que de lo que hacemos. A medida que imitamos más a Cristo, pensamos, sentimos y actuamos más como Cristo; es un proceso de santificación mediante el cual podemos ser como Jesús, y dado que Dios es amor y Su gran mandamiento es el amor, nosotros aprenderemos, entre otras cosas, a amar a todos los que Dios ama.

Somos conscientes de que nuestro amor por Dios y los demás nos motiva a servir a Dios y a los demás. Ahora, la convicción del juicio comienza con estar conscientes de que el Dios al que servimos es mucho más grande que Satanás y sus fuerzas oscuras. No obstante, el objetivo de la convicción de juicio es que sirvamos a Dios y a los demás de manera que mostremos la grandeza de Dios a un mundo que aún no lo conoce. Con Jesucristo como nuestro rey y el Espíritu Santo morando dentro de nosotros, tenemos la autoridad y el poder para convertirnos en "más que vencedores" y vencer el mal con el bien, la oscuridad con la luz, el odio con el amor, la indiferencia con la compasión, la soledad con la compañía, la mentira y la ignorancia con verdad, el egocentrismo con humildad, la necedad con la sabiduría, la injusticia con justicia y misericordia, la pobreza con abundancia y oportunidad, la crueldad con bondad, la enfermedad con sanación y la opresión con liberación, —todo en el nombre de Jesús y para

Su gloria —(Romanos 8:37). Esta es nuestra misión: ser para Jesús, ya que es la mejor manera de amar a los demás y la mejor manera de amar a Dios.

El próximo Gran Despertar incluirá todas las lecciones de los primeros tres despertares y los tres puntos relacionados con la convicción del Espíritu Santo. Los tres puntos se sacarán del santuario y todos los que están en Cristo, tanto hombres como mujeres, jóvenes y viejos, negros, blancos y amarronados, darán contribuciones significativas, incluido el liderazgo (Hechos 2: 17-18; Gálatas 3: 27-29; Colosenses 3:11; 1 Pedro 2: 9). [Para conocer más sobre el papel de la mujer, consulte el artículo "Las mujeres son la clave para el Próximo Gran Despertar" en el Apéndice.]

El próximo Gran Despertar afectará a las congregaciones en cada expresión de la iglesia: carismática, pentecostal, evangélica, de santidad, de línea principal, católica romana, ortodoxa griega y otras. A los ojos del Señor, Su única iglesia nunca se ha dividido (1 Corintios 1: 10–13; Efesios 4: 4–6). Sin embargo, es algo que le ocurrirá rápidamente (si no le ocurre totalmente) a la mayoría de las congregaciones no denominacionales, y a otras congregaciones que se niegan a reconocer que sus exoesqueletos denominacionales los detienen.

El próximo Gran Despertar será internacionalmente interactivo, a través de la versión del siglo XXI de la imprenta: el internet. Es un hecho que las redes sociales le permiten a la iglesia compartir instantáneamente una predicación en video, una enseñanza, una profecía, una música de adoración, y otras predicaciones que se dan en los santuarios, en los hogares y alrededor del mundo. Estas facilidades crean una oportunidad increíble para que los cristianos y los aún no cristianos reciban una excelente enseñanza y exhortación en un formato multimedia de alta calidad y efectividad, —siendo Hillsong Channel un ejemplo sobresaliente, y eso que solo hemos comenzado a rascar la superficie para conocer cómo estas facilidades pueden influir en los esfuerzos coordinados de oración en todo el mundo.

> Solo hemos comenzado a rascar la superficie para conocer cómo el internet puede potenciar los esfuerzos coordinados de oración en todo el mundo.

Ahora bien, si tratamos de saltarnos un paso, como aquellos que buscan las señales y las maravillas sin un servicio desinteresado o de santificación, fracasaremos. Si tememos dar un paso e intentamos servir con nuestras propias fuerzas, sin la presencia íntima y el poder sobrenatural de Dios, fracasaremos. Y, si olvidamos que el amor ágape es la causa de todo lo que Dios hace, para unificarlo todo, fracasaremos (Colosenses 3:14).

2

AMOR ÁGAPE: LA RAÍZ DEL AVIVAMIENTO

Amados, amémonos unos a otros, porque el amor
es de Dios, y todo el que ama es nacido de Dios y
conoce a Dios. El que no ama no conoce a Dios,
porque Dios es amor. En esto se manifestó el amor
de Dios en nosotros: en que Dios ha enviado a Su
Hijo unigénito al mundo para que vivamos por
medio de Él. En esto consiste el amor: no en que
nosotros hayamos amado a Dios, sino en que Él nos
amó a nosotros y envió a Su Hijo *como* propiciación
por nuestros pecados. Amados, si Dios así nos amó,
también nosotros debemos amarnos unos a otros.
A Dios nunca lo ha visto nadie. Si nos amamos
unos a otros, Dios permanece en nosotros
y Su amor se perfecciona en nosotros.

—1 Juan 4: 7–12

El amor de Dios es el principio fundamental de la vida en Su Reino:
conocer el amor de Dios por nosotros, amar a Dios y amar a todos los que
Dios ama. Pero si no amamos de la manera correcta, no somos nada, no
tenemos nada y no ganamos nada (1 Corintios 13: 1-3). Por lo tanto, es
esencial para el próximo Gran Despertar que tengamos una comprensión
bíblica de lo que es y no es el amor de Dios.

Empecemos reconociendo que la palabra *amor* es la más usada en la cultura actual: amamos a nuestro novio o novia, amamos a nuestro perro, a nuestro equipo de fútbol, a nuestro nuevo teléfono inteligente, a nuestro programa de televisión favorito y al helado. Como podemos notar, el amor en este sentido se relaciona con quien sea y con lo que sea que nos haga sentir como queremos sentirnos, pero te digo que este amor es egoísta.

Luego agregamos a la mezcla el amor celebrado en las canciones profanas de la década de 1960 como "What the World Needs Now Is Love" de Burt Bacharach y "All You Need Is Love" de John Lennon, que alientan a las personas a celebrar el derecho de todos a ser quienes sean quieran ser, creer lo que quieran creer y hacer lo que quieran hacer. Sin embargo, el amor en este sentido promueve el relativismo moral y el pluralismo religioso, declarando en efecto que "el amor es Dios" en lugar de que "Dios es amor".

> Si no amamos de la manera correcta, no somos nada, no tenemos nada y no ganamos nada (1 Corintios 13: 1-3).

La Biblia enseña que Dios es amor (1 Juan 4: 8, 16), pero esto no significa que "Dios" y "amor" sean términos intercambiables. ¡Dios es amor y mucho más! Él es eterno, soberano, santo, majestuoso, honesto, fiel, justo, omnisciente y todopoderoso. Todos estos atributos de Dios, incluido Su amor, existen en perfecta armonía (Éxodo 34: 6-7; Salmo 145; Colosenses 3:14).

El amor de Dios honra su habilidad univoca, como creador omnisciente, omnisapiente y omnipotente, para determinar y declarar lo que es correcto versus incorrecto, lo bueno versus malo, lo beneficioso versus lo dañino, y lo virtuoso versus pecaminoso. El amor de Dios también honra Su derecho soberano y su responsabilidad como Señor santo y justo para cumplir su palabra, recompensando lo que es correcto, bueno y justo mientras rechaza lo que es incorrecto, malo y pecaminoso; de esto, el ejemplo más convincente es la cruz. Ahora, aunque el amor de Dios por nosotros es eterno e incondicional, Él no consiente el pecado, ya que el pecado no es algo correcto, sino injusto, maligno y destructivo: el pecado desconfía de la fidelidad de Dios y se rebela contra su soberanía. De ahí que, como Dios no puede ignorar el pecado, en Su amor por nosotros, envió a Su Hijo a pagar el precio de nuestra falta (Juan 3:16).

El Nuevo Testamento fue escrito en griego, el idioma mundial dominante de esa época. Las dos palabras griegas más utilizadas para referirse al "amor" eran *Eros* (amor romántico) y *philia* (amor de amigo o hermano). Sin embargo, Dios eligió una palabra mucho menos común *ágape* para representar Su amor y que entendiéramos que el amor de Dios no es como el amor humano.

El amor ágape se revela perfectamente en Jesús y está bien descrito en las Escrituras: 1 Juan, 1 Corintios 13 y la historia del Buen Samaritano, Lucas 10: 25–37. El amor ágape es generoso, bondadoso y sacrificado; también es amable, paciente y determinado; perdonador de las malas acciones, pero nunca celebrador ni empoderador del pecado; invita y alienta, pero cuando es necesario disciplina (Hebreos 12: 5–11). El amor ágape es para los amigos, enemigos y extraños (Mateo 5: 43–48). El amor ágape nunca deshonra la verdad de Dios o el gobierno de Dios (Efesios 4:15; 1 Juan 3:18). Él amor ágape nunca deja de ser (1 Corintios 13: 8).

Estas increíbles cualidades del amor ágape tienen un sentido perfecto cuando nos tomamos el tiempo de considerar cómo nos ama un Dios santo. Sin embargo, estas cualidades desafían nuestra imaginación cuando nos enfrentamos con el mandato de Dios acerca de amarlo a Él y amarnos los unos a los otros, — aunque eso es exactamente lo que nos pide el Gran Mandamiento de Dios (Lucas 10:27), debemos saber que nuestro amor humano no es suficiente para Él.

Como Gran Mandamiento, Dios nos ordena que lo amemos a Él todo nuestro corazón, mente, alma y fuerzas, y que amemos a nuestro prójimo como a nosotros mismos; a esto, Jesús agrega un "mandamiento nuevo": ámense los unos a los otros, discípulo a discípulo, como Jesús los ha amado (Juan 13:34, 15: 12-13).

Jesús dijo que todos los demás mandamientos de Dios están incluidos en el Gran Mandamiento (Mateo 22: 35–40; Marcos 12: 28–33). Por otro lado, 1 Corintios 13: 1-3 dice que, si amamos a Dios y amamos de forma correcta a los demás, estamos hechos ¡Presta atención a lo que Dios nos pide que hagamos!

Primero, aprendimos que el amor ágape, ya sea por Dios o por el prójimo, involucra nuestra mente, nuestro corazón, nuestra alma y nuestra fuerza; el amor no es solo un estado mental, no es solo un sentimiento, no son solo palabras (1 Juan 3:18), ya que el amor envuelve todo nuestro ser.

A continuación, aprenderemos que nuestro Dios amoroso pide mucho más que parte de nuestro amor —una mañana aquí o un minuto allá no son suficiente—. ¡Dios lo pide todo! También aprenderemos que una parte significativa de nuestro amor por Dios se expresará en nuestro amor por los demás, pero ya sea que este amor se dirija hacia los demás o hacia Dios, implica que toda nuestra vida, no solo una parte de ella, se supone que sea una vida de amor ágape (1 Juan 4: 7-12).

Amar a nuestro prójimo como nos amamos a nosotros mismos no es fácil de hacer, pero al menos es fácil de entender. Simplemente trata a los demás de la manera en que deseas ser tratado —es la regla de oro— (Mateo 7:12). Observa que el Señor trae una nueva definición de "prójimo" que me ordena tratar a mis enemigos como a mí me gustaría ser tratado, y orar por ellos y bendecirlos (Mateo 5: 44–48; Lucas 6: 27–35). ¿Qué tan difícil es eso?

De discípulo a discípulo, debemos amarnos unos a otros como Jesús nos amó y dio Su vida por nosotros. ¿Qué tan difícil es eso?

Estamos para hablar la verdad en amor (Efesios 4:15) y nuestra fe debe obrar a través del amor ágape (Gálatas 5: 6). Estamos llamados a permanecer en el amor ágape (Juan 15: 9-10). Cuando tenemos en cuenta lo que dicen las Escrituras sobre el amor ágape, entendemos finalmente la verdad acerca de lo poco que hemos amado y lo mal que representamos el amor de Dios en el mundo. Al igual que la iglesia en Éfeso descrita en Apocalipsis 2: 4, hemos perdido el amor que la iglesia tenía al principio (Hechos 2: 42–47).

Por consiguiente, debido a que el amor ágape es el principio fundamental de la vida en el Reino de Dios, y ya que falta tanto en la iglesia de hoy, este debe ser la raíz y la esencia del próximo Gran Despertar (Efesios 4:16). Ahora bien, tratar de conseguir este amor por nuestra cuenta es completamente imposible; sin embargo, la buena noticia es que no tenemos que hacerlo. Dios está listo para derramar Su amor en nuestros corazones a través del Espíritu Santo que nos ha dado (Romanos 5: 5). ¡Solo necesitamos por fin preparar y poner nuestro corazón para recibirlo de la manera que Él quiere derramarlo!

Como dije en la introducción, procuraremos una vida de amor ágape de tres maneras: buscando intimidad con Dios para poder estar con Jesús de manera continua y amorosa; buscando la santificación para poder ser como Jesús y amar como Jesús, y prosiguiendo nuestra misión para poder estar para Jesús y liberar Su amor ágape y su poder en el mundo.

3

INTIMIDAD: ESTAR CON JESÚS

Pero no ruego solo por estos, sino también por los
que han de creer en Mí por la palabra de ellos, para
que todos sean uno. Como Tú, oh Padre, *estás* en
Mí y Yo en Ti, que también ellos estén en Nosotros,
para que el mundo crea que Tú me enviaste. La
gloria que me diste les he dado, para que sean uno,
así como Nosotros somos uno: Yo en ellos, y Tú
en Mí, para que sean perfeccionados en unidad,
para que el mundo sepa que Tú me enviaste, y
que los amaste tal como me has amado a Mí.

—Juan 17:20-23

Por favor, lee el Evangelio según Juan, capítulos 14-17. Cuando hayas
terminado, léelo de nuevo y continúa leyéndolo hasta que notes el increíble
patrón de la vida cristiana que se revela allí.

Tanto el Evangelio según Juan como las cartas de Juan se escribieron
décadas después de los otros tres evangelios y las cartas de Pablo, Pedro y
Santiago. Juan tuvo la oportunidad de saber lo que ya había sido escrito, y
también tenía más de cincuenta años de experiencia viviendo como apóstol
ungido por el Espíritu Santo. Esto le dio la oportunidad de completar el
testimonio del evangelio con una explicación madura e inspirada de lo que
debería ser la vida como cristiano nacido, lleno del Espíritu y guiado por
el Espíritu (Juan 3: 5–8; Efesios 5:18; Romanos 8: 14).

Juan 14-17 contiene esa explicación. Allí, Juan describe la vida llena del

Espíritu y guiada por el Espíritu, que fue tanto modelada como enseñada por Jesús. No obstante, antes de analizar esta enseñanza paso a paso, debemos hacer una pausa ante el resultado final que busca Jesús. Su objetivo es que sus discípulos sean "uno" en intimidad con Él, — perfectamente uno—, así como Él fue perfectamente uno en intimidad con Su Padre (Juan 17: 20-21). Increíble, ¿verdad?

Como trasfondo para nuestro repaso de Juan 14–17, recuerda que Jesucristo se despojó de todo Su poder y privilegio divinos cuando descendió del cielo para convertirse en un ser humano (Filipenses 2: 5–11), y no comenzó Su ministerio en la tierra hasta que fue bautizado y lleno del Espíritu Santo (Lucas 3: 21-22, 4: 1, 14, 18-21). Todas sus obras en la tierra fueron hechas porque fue ungido por El Espíritu Santo (Hechos 10:28), y toda la plenitud de Dios moró en él en la tierra por medio del Espíritu Santo (Colosenses 1:19).

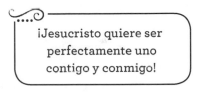

¡Jesucristo quiere ser perfectamente uno contigo y conmigo!

JUAN 14

En Juan 14, Jesús describe Su intimidad en la tierra con Su Padre celestial. Si conoces a Jesús, conoces al Padre (v. 7). Cuando ves a Jesús, ves al Padre (v. 9). ¿Por qué y cómo es esto? A través del Espíritu Santo, el Padre estaba en Jesús y Jesús estaba en el Padre (vs. 10-11), y debido a que el Padre pudo morar en Jesús a través del Espíritu Santo, Jesús pudo hacer las obras del Padre en la tierra y hablar las palabras del Padre (v. 11; Juan 5: 19–20, 12: 49–50). Este es el modelo: Jesús y el Padre eran uno (Juan 10:30).

Luego, Jesús anuncia el cambio venidero hablando acerca de cómo continuarían esas obras divinas en la tierra. Él dijo que sus discípulos harían las mismas obras que Él había hecho e, incluso, obras aún mayores, dado que él dejaría la tierra y ellos se quedarían (v. 12). Al principio, parecía que esto sería simplemente una cuestión de oración a larga distancia, con Jesús haciendo desde el cielo lo que los discípulos en la tierra le pidieran hacer (v. 13-14). Sin embargo, Jesús aclaró rápidamente.

Una vez que Jesús ascienda al cielo y al trono del Padre, el Padre enviará al Espíritu Santo —el Paráclito que viene con Él —, para que viva en los discípulos de Jesús para siempre (v. 16-17). Es a través del Espíritu Santo que Jesús regresará a ellos (v. 18-19), pues si Jesús está en el Padre y el Padre en Jesús, Jesús estará en Sus discípulos, ¡y ellos estarán en Él! ¡Estarán con Jesús para siempre (v. 20)!

Debemos hacer una breve pausa en este punto de nuestro estudio de Juan 14 para recordar que el apóstol Pablo también se refirió a esta maravillosa verdad en varias de sus cartas. Pablo nos dice que el Padre celestial envió el Espíritu de Su Hijo a vivir en nuestros corazones (Gálatas 4: 6). Tanto Pablo como Pedro se refirieron al Espíritu Santo como el Espíritu de Cristo (Romanos 8: 9; 1 Pedro 1:11). Pablo lo describe como el glorioso misterio de "Cristo en vosotros, la esperanza de gloria" y declara: "Y ya no soy yo el que vive, sino que Cristo vive en mí" (Colosenses 1:27; Gálatas 2:20).

También debemos hacer una pausa para recordar de qué manera podemos calificar para recibir el Espíritu Santo y la presencia del Señor dentro de nosotros. Calificamos a través de la sangre de Jesús que limpió de nuestros pecados para que el Espíritu Santo pudiera entrar en nosotros (1 Juan 1: 7, 2: 2; Hebreos 10:19). Por la fe en la sangre de Cristo crucificado, somos perdonados. Sin sangre, no hubiese pasado nada, por eso es que, Gracias a la sangre, podemos recibir el Espíritu Santo. Al recibir el Espíritu Santo, recibimos al Cristo resucitado y la vida eterna (Hechos 1: 38–39; Romanos 8: 9; Juan 1: 12–13, 3: 3–6).

> La intimidad es para quienes confían, aprenden y obedecen.

Juan 15 proporciona una gran instrucción sobre cómo vivir esta nueva vida de intimidad con Cristo. No obstante, antes de volver a Juan 15, debemos reconocer una condición importante a la que Jesús hace referencia hacia el final de Juan 14: su promesa de intimidad es para aquellos que lo aman al tener y guardar sus mandamientos (v. 21). Si queremos que Jesús y el Padre tengan su hogar en nosotros, y si queremos que Jesús manifieste Su presencia en nosotros, debemos guardar Su palabra (vs. 21, 23). Se necesita más que gracia para estar con Jesús, y la intimidad es para quienes confían, aprenden y obedecen.

JUAN 15

Probablemente Jesús enseñó Juan 15 mientras guiaba a los discípulos desde el Cenáculo al Valle de Cedrón y Getsemaní. Mientras Jesús y sus discípulos caminaban por los viñedos, Él aprovechó para explicar la nueva relación que ahora tendrían: Él sería la vid y ellos serían las ramas. Y, añadió que las ramas son infructuosas e inútiles a menos que estén unidas a la vid (vs. 2, 4-6). Entonces, como los discípulos sabían muy bien que la vid sin ramas tampoco daba fruto, entendieron que Jesús contaba con ellos (Juan 20:21; Hechos 1: 8) así como hoy en día Jesús está contando con nosotros.

La palabra griega clave en la parábola de la vid y las ramas es *meno* que significa "seguir", "permanecer", "quedarse" o "habitar". Jesús dice: "Permanezcan en Mí, y Yo en ustedes" (v. 4). "Permanezcan en Mi amor. Si guardan Mis mandamientos, permanecerán en Mi amor" (v. 7-10). Tal como Jesús advirtió en Juan 14, no es suficiente simplemente con hacer una conexión, debes mantener la conexión, y debes reconocer tanto el riesgo de desconectarte como la realidad de que puedes tener una buena o mala conexión. Jesús permaneció constantemente unido con el Padre al obedecerlo completamente (v. 10), ahora debemos buscar hacer lo mismo con Jesús.

> Nuestro amor mutuo es una forma esencial en la que amamos, obedecemos y permanecemos en Jesús.

Jesús hace dos mandatos específicos interrelacionados en Juan 15 para que los obedezcamos. El primero consiste en que vayamos y demos fruto para el Reino de Dios porque ese fruto glorifica al Padre y prueba que somos discípulos de Jesús (vs. 2, 8). Discutiremos este asunto cuando abordemos más adelante nuestra misión de ser para Jesús. El segundo mandato consiste en amarnos los unos a los otros como Él nos amó (v. 12). Amarnos los unos a los otros es una de las formas esenciales en que demostramos amor por Jesús, obediencia a Jesús y permanencia en Jesús (1 Juan 4: 7–12; Mateo 25: 31–46).

JUAN 16

Juan 16 establece la misión del Espíritu Santo en el mundo, la cual ya hemos discutido (vs. 8-11). Ahora, junto con el final de Juan 15, este capítulo también nos ayuda a comprender mejor la naturaleza de la conexión divina que se establece entre Dios y nosotros: el Espíritu Santo procederá del Padre y será enviado a través de Jesús para vivir en nosotros (Juan 15: 26). El Padre le ha dado toda autoridad a Su Hijo Jesús (v. 15; Mateo 28:18), por esa razón, Jesús ahora puede declarar e impartirnos todo a través del Espíritu Santo (vs. 13-15; Juan 14: 13-14).

Sabemos por el concepto misterioso, pero bíblicamente sólido de la Trinidad que el Padre, el Hijo y el Espíritu Santo son uno, —un Dios en tres personas —. Así mismo, las conexiones amorosas entre el Padre, el Hijo y el Espíritu Santo son perfectas —impecables, fluidas y sin ninguna obstrucción o distorsión—. Y, a través del Espíritu Santo, esa conexión se extiende a nosotros como discípulos de Jesús e hijos del Padre.

La descripción más radical de esta conexión fuera de Juan 14-17 la proporciona Pablo en 1 Corintios 6:17. Pablo dice que cuando nos unimos al Señor Jesús, ¡nos convertimos en un espíritu con Él! Sin embargo, el resto de quienes somos, — nuestra mente, corazón, alma y cuerpo—, todavía necesita mucho trabajo. Hablaremos de esto cuando abordemos el tema sobre nuestra necesidad de santificación y cómo podemos ser como Jesús. No obstante, aclaro que nuestro espíritu y el Espíritu Santo se vuelven uno en el momento del renacimiento y, a la vez, el Espíritu Santo permanece perfectamente unido con el Padre y el Hijo.

Desde el punto de vista de la misión, como discípulos, la mejor ilustración de esta conexión sobrenatural es la imagen de Jesús como la cabeza y cada uno de nosotros como miembros de Su cuerpo (Efesios 1: 22–23, 4: 15–16, 5:23; Colosenses 1:18, 2:19; 1 Corintios 12). Sin tratar de ninguna manera de deshonrar la personalidad divina del Espíritu Santo puedo indicar que el Espíritu opera aquí de manera muy similar a nuestro sistema nervioso: conectando todos los miembros del cuerpo a Jesús, quien es la cabeza que dirige y coordina.

Desde el punto de vista de la intimidad, el Espíritu Santo crea esta conexión para que nos identifiquemos como hijos de nuestro Padre celestial. Al recibir el Espíritu Santo, ya no nacemos sólo del hombre, ahora somos nuevas criaturas nacidas del Espíritu y de Dios (Juan 1: 12-13, 3: 3-8; 2 Corintios 5:17). Se podría decir aquí que el Espíritu opera como un cordón umbilical entre el Padre y Sus hijos, proporcionando vida divina, alimento espiritual y poder consagrado a los hijos que Él ama (2 Corintios 3: 6; Juan 4:10, 7: 38-39; Hechos 1: 8); este cordón umbilical nunca se cortará debido a que estos hijos nunca van a ser separados de su Padre.

Desde el punto de vista de la intimidad, el Espíritu Santo también establece la conexión entre el novio y la novia (Juan 3:29; Efesios 5: 25–33; Apocalipsis 19: 7, 21: 2, 9). Pablo llama a esto gran misterio (Efesios 5:32).

> El Espíritu Santo es como un cordón umbilical entre el Padre y Sus hijos, proporcionando vida, alimento y poder consagrado.

Cuando Dios une a una pareja como una sola carne en matrimonio, la esposa y su cuerpo se vuelven del esposo a fin de que él lo aprecie y lo bendiga; lo mismo ocurre con el esposo y su cuerpo, se vuelven de la esposa, para que ella lo respete y lo bendiga (Efesios 5: 28-29, 31; Mateo 19: 4-6; 1 Corintios 7: 4). Del mismo modo, cuando Jesús y sus discípulos se unen a Dios como un solo espíritu, los discípulos se convierten tanto en el cuerpo de Jesús como en su esposa (1 Corintios 6:17; Efesios 5: 25-30); Jesús se dio él mismo como esposo para santificarnos hasta que seamos libres de manchas, gloriosos y radiantemente espléndidos (Efesios 5: 26-27).

La intimidad como hijos del Padre se centra en cada uno de nosotros como hijos de Dios. La intimidad hace referencia a la novia debido a que ella tiene un enfoque más amplio o colectivo de toda la iglesia. La intimidad como Su Cuerpo y la intimidad como miembros de Su cuerpo nos ayudan a comprender que las expresiones individuales y colectivas de intimidad son de vital importancia para Dios. Por un lado, cada uno de nosotros es precioso y especial (Salmo 139: 13-14) y, por el otro, nos necesitamos unos a otros para convertirnos en todo lo que podemos ser (Efesios 4: 11–16; 1 Corintios 12).

JUAN 17

¿Qué oración podría ser más importante que la oración que Jesús entregó a su Padre celestial justo antes de someterse al arresto, la tortura y la crucifixión por los pecados del mundo? Esa oración es como la última voluntad y testamento del Cordero de Dios, y pienso que es casi imposible imaginar una oración en un momento especifico de boca de alguien que esté más cerca del centro del corazón de Dios.

En Juan 17 encontramos al Señor orando a Su Padre por el éxito de su misión en la tierra, y vemos que Su enfoque en esta oración es "pasar la batuta" a sus discípulos: en primer lugar, a aquellos a quienes Él guio personalmente mientras estuvo en la tierra y, luego a aquellos que creerán en Él por Su palabra (vs. 9, 20).

Casi siempre prefiero lo "simple" a lo "complicado", por lo que un enfoque simple para entender la oración de libro de Juan 17 será más que adecuado. No obstante, entenderemos mejor esta oración si sabemos que el Evangelio según Juan es tanto un relato histórico como un sermón inspirador, exhortante y de enseñanza escrito casi sesenta años después de que Jesús oró esta oración. Algunos de los sucesos que Jesús describe en esta oración fueron traducidos en tiempo pasado al inglés cuando en realidad son sucesos que estaban en curso o que estaban a punto de ocurrir.

De forma específica:

1. Las traducciones al inglés muestran a Jesús diciendo que ha terminado su obra en la tierra y que está listo para recibir la gloria que tenía antes de venir al mundo (v. 4), obra que terminará en la cruz (Juan 19:30). Además, debido a que la cruz es lo que Jesús tiene directamente frente a Él, se ve a sí mismo como que "ya no estará más en el mundo" y totalmente comprometido para completar Su obra (v. 11).

2. Las traducciones al inglés muestran a Jesús diciendo que les ha dado a sus discípulos su gloria, que es el Espíritu Santo, y que los ha enviado al mundo tal como el Padre lo envió a Él (vers. 18, 22). De hecho, estos eventos los termina Jesús después de su resurrección en el Cenáculo (Juan 20: 21-22), pues son acciones que Jesús está haciendo mientras todavía está en este mundo y no acciones que Jesús le pide al Padre que haga; no obstante, en esta oración son acciones tratadas por Jesús como "completadas".

3. Al comienzo de la oración en Juan 17, Jesús declara Su misión: traer el regalo de la vida eterna al mundo (v. 2; Juan 3:16). La

vida eterna es "conocer" al Padre y a su Hijo (v. 3). La palabra griega que se usa para "conocer" es *ginoskosi* y significa conocer a través de una relación o experiencia interpersonal, no solo significa "conocer". Entre otras cosas, es la palabra que se usa en el Nuevo Testamento para la intimidad de las relaciones sexuales (Mateo 1:25; Lucas 1:34).

Dicho de otra manera, la salvación es una relación personal y amorosa con Dios, —Padre e Hijo —, a través del Espíritu Santo (1 Juan 1: 3). A medida que aumenta la intimidad de nuestra relación amorosa con Dios, también aumentan el fruto y los beneficios de la salvación.

A continuación, Jesús declara en Juan 17 que les ha dado a sus discípulos las palabras del Padre y les ha manifestado el nombre del Padre, y por eso ahora conocen y confían en el Padre y en el Hijo (vers. 6–8). De esta manera, los discípulos han sido preparados para recibir la gloria del Espíritu Santo que Jesús les está dando y para ser enviados por Jesús de la misma manera que el Padre lo envió a Él (vs. 18, 22), puesto que ellos permanecerán en el mundo mientras Jesús se va del mundo; Jesús le pide al Padre que los cuide y los guarde (vs. 11, 15).

Entonces Jesús ora haciendo una petición que está en el corazón de todo este libro: Jesús ora por sus discípulos, tanto a los que Él guio como a los que lo seguimos como tú y yo, para que todos seamos uno con Jesús de la misma manera que Jesús ha sido uno con el Padre (vs. 11, 21-23, 26).

¡No se trata de que los cristianos se unan entre sí! Su enfoque está en la unidad de los discípulos —unicidad— con Él. Todo lo que vimos en Juan 14, 15 y 16 está incorporado en la oración de Jesús para que Él estuviera en Sus discípulos, y ellos en Él, de la misma manera que el Padre estaba en Él y Él estaba en el Padre: "… para que todos sean uno. Como Tú, oh, Padre, *estás* en Mí y Yo en Ti, que también ellos estén en Nosotros... Yo en ellos, y Tú en Mí, para que sean perfeccionados en unidad" (v. 21, 23).

Si no entiendes nada más de este libro, entiende esto: Jesucristo, el Rey de reyes y Señor de señores, vive dentro de ti y quiere una relación personal increíblemente profunda contigo todos los días de tu vida (Apocalipsis 19:16). Ya hemos mencionado cómo Pablo habló de "Cristo en ti". David lo llamó "… al Señor he puesto continuamente delante de mí…porque está a mi diestra" (Salmo 16: 8). Miqueas lo llamó "… andar humildemente con tu Dios" (Miqueas 6: 8). Enoc también hizo precisamente eso (Génesis 5: 22-24; Hebreos 11: 5).

Jesús caminó físicamente con sus discípulos durante tres años y luego dijo que les convenia a ellos que Él se fuera (Juan 16: 7). ¿Por qué? Porque cuando dejara de caminar a su lado, vendría a vivir dentro de ellos, y eso ¡sería aún mejor!

Esto tampoco es algo que Jesús quiera que suceda después de que sus discípulos lleguen al cielo; a parte, Él declara específicamente dos veces que el propósito de esta unidad con Sus discípulos es que el mundo crea en Jesús (vs. 21, 23). Por ese motivo, nuestra unidad con Cristo es para mientras todavía estemos en este mundo, no solo para después de que lo dejemos. Abordaremos este tema más adelante cuando hablemos de la misión.

¿Tendrá esta unidad con Cristo un efecto en la unidad que se necesita entre los discípulos (Efesios 4: 1–6)? ¡Absolutamente! Imagina una rueda de carreta con radios que se extiendan hacia su eje y, a la vez, hacia todos los ángulos del rin. Como discípulos, somos como los radios, estamos en varios lugares, algunos de nosotros más cerca del eje y otros más cerca del rin. En algunos casos, es posible que

estemos más juntos porque nuestros radios están más juntos. Por ejemplo, los estadounidenses bien sean blancos o hombres o ancianos o de herencia bautista y presbiteriana como yo. Del mismo modo, podemos estar en radios alejados unos de otros, incluso en lados opuestos de la rueda, debido a las muchas diferencias en nuestros orígenes.

La maravillosa realidad acerca de la verdadera unidad en el cuerpo de Cristo es que a medida que cada uno de nosotros nos acercamos al eje de nuestros respectivos radios, nos acercamos unos a otros: Jesús es el eje de la rueda. Si yo soy uno con Él y tú eres uno con Él, seremos uno con los demás. El Señor dice: "Acérquense a Dios, y Él se acercará a ustedes" (Santiago 4: 8). A medida que me acerco a Él y tú te acercas a Él, nos acercamos más el uno al otro.

Hay una verdad esencial que debemos entender acerca de Juan 17. Jesús no solo busca un nivel mínimo de unidad con sus discípulos, Él ruega para que seamos perfectamente uno con Él (v. 23). Jesús quiere nuestra unidad con Él para igualar la unidad que Él y el Padre comparten, y su conexión es, como ya hemos discutido, sin manchas y sin obstrucciones (vs. 21-22).

> A medida que me acerco más a Dios y tú te acercas a Dios, nos acercamos más el uno al otro.

La traducción griega de "perfectamente" es *teleioo*, que significa "perfeccionar, completar, terminar o tener éxito por completo" Nuestra relación de unidad con Jesucristo se inicia cuando recibimos el Espíritu Santo y nuestro espíritu se vuelve uno con Su Espíritu (1 Corintios 6:17). Esta unidad creada en nuestro nuevo nacimiento, sin embargo, no es en absoluto perfecta, completa o terminada si tenemos en cuenta el resto de quienes somos. Nuestras mentes, corazones, almas y cuerpos todavía están fuertemente influenciados —rotos, desordenados, manchados, corruptos, con malos hábitos y desinformados— por todo lo que hemos aprendido y experimentado en un mundo gobernado todavía por el príncipe de las tinieblas y padre de la mentira (Juan 8:44; Colosenses 1:13; 1 Juan 5:19).

No necesitamos caer en un debate sobre si un cristiano puede perder su salvación; la salvación está sellada por el Espíritu Santo, y claramente podemos contristar y apagar al Espíritu Santo a través del pecado sin romper ese sello (Efesios 1: 13-14, 4:30; 1 Tesalonicenses 5:19). Como exploramos en Juan 15, nuestra conexión con Jesús a través del Espíritu Santo puede ser fuerte o débil; se mantiene fuerte haciendo nuestro mejor esfuerzo para tener y guardar Sus mandamientos (Juan 14:21, 23). Así mismo, sabemos Jesús hizo eso perfectamente, pero nosotros no lo hicimos: nuestra carne pelea con nuestro espíritu (Gálatas 5:17). Incluso cuando sabemos qué hacer y queremos hacerlo, seguimos pecando. Como resultado, todos experimentamos momentos de conexión deficiente o sin conexión que perjudican en gran medida nuestro testimonio de Cristo (Romanos 7: 21–23; 1 Juan 1: 8–9, 2: 1–2).

Con todo, Jesús quiere arreglar esto. Él quiere que seamos llenos de toda la plenitud de Dios (Colosenses 1:19; Efesios 3: 19-20, 4:13). Él quiere que vivamos no solo Su presencia sino Su persona, no solo abrazos divinos, sino conversaciones divinas y más (Juan 14:21, 16:14; Génesis 3: 8–9).

Jesús quiere que el mundo sepa que Dios lo envió y que Dios nos ama, y esto solo puede ocurrir cuando Sus discípulos se vuelven perfectamente uno con Él, cuando lo que hacemos todos los días es estar con Jesús (Juan 17:21, 23).

Por esta razón, el Padre nos poda (Juan 15: 2). Por esta razón, Jesús oró para que el Padre nos santificara (Juan 17:17, 19); para estar con Jesús, debemos ser como Jesús.

4

SANTIFICACIÓN: SÉ COMO JESÚS

Y que el mismo Dios de paz los santifique por completo;
y que todo su ser, espíritu, alma y cuerpo, sea preservado
irreprensible para la venida de nuestro Señor Jesucristo.
Fiel es Aquel que los llama, el cual también lo hará

—1 Tesalonicenses 5:23–24

La palabra hebrea para "santificar" es *qadash* y en griego es *hagiazo*. Ambas significan simplemente "hacer santo" y a su vez significan "ser separado de" "puesto aparte" "dedicado" o "consagrado."

EL LLAMADO A LA SANTIDAD

La palabra "Santo" aparece por primera vez en Génesis 2:3 cuando Dios bendice el séptimo día y lo separa del resto de los días de la semana, llamándolo Sabbath, día de descanso y dedicación a Él.

Dios entonces separó al pueblo hebreo, rescatándolo de la esclavitud en Egipto y declarando que sería para Él "un reino de sacerdotes y una nación santa" (Éxodo 19:6). Dios procedió a entrenar a su pueblo hebreo en el concepto de apartarse y les asignó una serie elementos sagrados para la adoración como la dieta sagrada, y otras reglas relacionadas con lo "limpio" y lo "inmundo" (Levítico 10:10). Luego les explicó por qué estaban siendo apartados y lo que realmente significaba ser santo. "Porque Yo soy el Señor su Dios. Por tanto, conságrense y sean santos, porque Yo soy santo." (Levítico 11:44–45).

Para que un objeto sea santo, debe ser apartado del uso mundano y profano, y dedicado únicamente a los propósitos del Señor; para que un pueblo sea apartado por el Señor se requiere de eso mismo y más. Como personas originalmente diseñadas a imagen y semejanza de Dios somos llamados a volver a ser como Él. (Génesis 1:26–27).

Lo que diferencia a nuestro santo Dios del mundo no es sólo que sea el Creador, Dios también se diferencia en que este mundo roto está lleno de maldad, y Dios es bueno —perfectamente bueno—. (Mateo 19:17). Al pedir que su pueblo sea santo, Dios llama a su pueblo a la bondad que es la esencia de su gloria (Éxodo 33:18–19). El verdadero y pleno significado de "santo" es ser diferentes del mundo y su maldad para poder ser uno con Dios y su bondad.

> Ser "santo" significa ser diferentes del mundo y su maldad para poder ser uno con Dios y su bondad.

Como hijos renacidos de Dios, los cristianos son llamados a ser santos, así como nuestro Padre celestial es santo, y la iglesia está llamada a ser una nación santa bajo el nuevo pacto en Cristo, de la misma manera como el pueblo hebreo lo era bajo el antiguo pacto de la ley (1 Pedro 1:14–16, 2:9; 1 Tesalonicenses 4:1–8).

Somos nuevas creaciones, —estamos en el mundo, pero ya no somos del mundo— (2 Corintios 5:17; Juan 17:14, 16). Debemos separarnos de los deseos de la carne y caminar según el Espíritu (Romanos 8; Gálatas 5). Se nos advierte que no debemos amar el mundo y las cosas de este mundo, aun cuando esas cosas no sean pecado, porque las preocupaciones y los placeres del mundo ahogan lo que el Señor ha plantado en nosotros y evitan que nuestro fruto madure (1 Juan 2:15-17; Lucas 8:14); debemos despojarnos del "viejo hombre" y revestirnos del "nuevo hombre" (Efesios 4:21-24).

En pocas palabras, los cristianos están llamados a ser como Jesús. ¡No estamos llamados sólo a creer en Jesús, también estamos llamados a seguirlo (Mateo 4:19; Juan 10:27, 12:26)! Nadie hizo más énfasis en ello que Juan: "Por esto sabemos que estamos en Él. El que dice que permanece en él, debe andar como él anduvo" (1 Juan 2:5–6).

Como Hijo de Dios, Jesús nos reveló al Padre (Juan 14:9) y, como Hijo del hombre, nos reveló lo que estamos destinados a ser: mujeres y hombres restaurados de su quebrantamiento porque fuimos hechos verdaderamente a imagen y semejanza de Dios (Romanos 8:29). La santificación es el proceso por el cual somos transformados a la imagen de Jesucristo (2 Corintios 3:17-18), y santidad significa ser como Jesús.

La iglesia primitiva lo sabía y "se dedicó" a las enseñanzas de Jesús, a la comunión cristiana, al partimiento del pan y a la oración (Hechos 2:42). Los resultados fueron asombrosos, con señales y milagros impresionantes; fue una comunidad amorosa y generosa, alegre, de servicio entre los incrédulos y la gente que constantemente se acercaba a la salvación (Hechos 2:43-47).

Sin embargo, esta santa devoción se perdió con el tiempo, sobre todo después de ese giro equivocado en la época de Constantino. La santidad volvió a ser un concepto representado por rituales, días y objetos, incluyendo "reliquias" y la veneración de "santos" muertos, en lugar de por la vida cotidiana del pueblo de Dios. Entonces los objetos y las reglas que habían sido una forma de entrenamiento para el pueblo hebreo se convirtieron ahora en un sustituto de pleno derecho de lo real en la iglesia.

Dios trató de restaurar nuestro enfoque en la santificación y la vida santa a través del Primer y Segundo Gran Despertar, pero la restauración duró trágicamente poco. Hablando en términos generales y, con el riesgo de ofender a algunos, enumero lo siguiente:

1. Muchas iglesias fundamentalistas y de santidad sustituyeron la vida santa por el legalismo y cierto grado de enjuiciamiento. La letra mata, pero el Espíritu da vida (2 Corintios 3:6). La medida que usamos para juzgar a otros será usada para juzgarnos a nosotros (Mateo 7:1-5; Santiago 2:13). La verdad sin amor —el amor ágape incondicional —no es la verdad de Dios (1 Corintios 13:2-3).

2. Las iglesias evangélicas buscando evitar el legalismo a menudo dejaron la insistencia en la vida santa, basándose en que basta con hacer buenas obras. "Pecadores salvados por la gracia" se convirtió en el objetivo final en lugar de discipulado y santificación. Ahora, si bien esto pudo conducir a muchas llamadas al altar y bautismos, nunca pudo producir la semejanza con Cristo e incluso la salvación. La fe sin las obras está muerta (Santiago 2:14-26). Las ramas que no producen fruto son retirados de la vid (Juan 15:2, 6). No se puede tener a Jesús el Salvador sin Jesús el Señor (Isaías 43:11; Romanos 10:9; 2 Pedro 1:10-11).

3. En las denominaciones principales acosadas por la teología liberal, muchos de los mandatos de santidad de las Escrituras perdieron

su autoridad. El amor siguió siendo el objetivo principal, pero debido a que es un amor que no honra la justicia soberana de Dios (como se declara a través de la Biblia) se convirtió en amor humano permisivo de relativismo moral en lugar de amor ágape. Jesús salvó a la mujer adúltera de ser apedreada y la perdonó, pero también le dijo que se fuera y "no pecara más" (Juan 8:11). El amor sin la verdad de Dios no es el amor de Dios (1 Corintios 13:6).

4. En las congregaciones carismáticas y pentecostales, la llamada sagrada del Señor a ser siervos desinteresados se dejaba a menudo de lado en favor de una búsqueda egocéntrica de experiencias espirituales emocionantes, de celebración y prosperidad material (Marcos 9:35; 1 Timoteo 6:6-12). Hay que negarse a sí mismo para seguir a Jesús (Lucas 9:23). Los puestos de honor cerca de Él son para aquellos que no vienen a ser servidos sino a servir (Mateo 20:20-28).

La santificación es un elemento esencial del próximo Gran Despertar porque así es como desarrollamos mentes renovadas, corazones limpios, almas restauradas, espíritus rectos, cuerpos sanados y vidas transformadas

> La verdad sin el amor de Dios no es la verdad de Dios. El amor sin la verdad de Dios no es el amor de Dios.

(Romanos 12:2; Salmo 23:3, 51:10; Santiago 5:14-16). A medida que nos parecemos más a Jesús, podemos estar más íntimamente conectados con Él. Y, a medida que nos conectamos mejor con la vid, podemos dar mucho más fruto eterno para la gloria del Padre.

¿Cómo podemos recibir esta maravillosa bendición? ¿Cuáles son los pasos que debemos dar para la santificación?

EL TRABAJO INTERIOR

No podemos santificarnos a nosotros mismos. Dios es el alfarero y nosotros el barro (Isaías 29:16, 64:8; Jeremías 18:3-6; Romanos 9:21). Uno de los nombres que el Señor declara para sí mismo es *Yahvé Kadesh*, que significa el Señor que santifica (Levítico 20:8; Éxodo 31:13).

Al igual que en la intimidad, el papel de Dios en la santificación implica la interacción perfectamente armoniosa de los tres elementos de la Trinidad.

Jesús, al igual que el novio, está comprometido con la plena santificación de su novia (Efesios 5:25-27). Jesús ruega al Padre que santifique a sus discípulos (Juan 17:17, 19). El Padre envía al Espíritu Santo a vivir dentro de nosotros. El Espíritu de la verdad nos lleva entonces a una libertad cada vez mayor a medida que nos conduce más y más a la verdad (Juan 8:31-32, 16:13). El Espíritu Santo del Señor también comienza a hacer crecer el fruto del Espíritu en nosotros, transformando nuestro carácter en el carácter de Jesucristo, lleno de amor, alegría, paz, paciencia, amabilidad, bondad, fidelidad, mansedumbre y autocontrol (Gálatas 5:22-23; 2 Corintios 3:18).

Debemos entender que la santificación es un "trabajo interno" y como con cualquier trabajo de este tipo, el Señor necesita que alguien que ya se encuentre dentro le ayude. Hemos establecido que no podemos cultivar frutos a menos de que estemos unidos a la vid, y la vid no puede cultivar frutos sin sus ramas. Del mismo modo, no podemos ser santificados sin Dios, pero Dios no puede santificarnos sin nuestra cooperación activa.

La lucha entre David y Goliat ilustra nuestro punto, tal como declaró David, " ... la batalla es del Señor" (1 Samuel 17:47). Pero la victoria no llegó hasta que David recogió sus piedras, tomó su lanza y entró al campo de batalla.

Creo que esto es lo que Pablo tenía en mente cuando dijo: "... ocúpense en su salvación con temor y temblor. Porque Dios es quien obra en ustedes tanto el querer como el hacer, para

> La lucha es del Señor, pero nosotros debemos entrar al campo de batalla.

Su buena intención." (Filipenses 2:12b-13). La palabra griega utilizada por Pablo en Filipenses 2:12 es *katergazomai*, que significa "trabajar", "trabajar en", "realizar" o "hacer que suceda". Pablo utiliza esta palabra para describir nuestra necesidad de trabajar para que podamos ver claramente lo importante que es cooperar con Dios en el proceso de santificación.

Por esta razón, Pablo nos exhorta a poner la mente en las cosas de arriba y hacer que muera lo terrenal en nosotros (Colosenses 3:1-5) para que, habiendo sido liberados del pecado, aprovechemos esa libertad y nos convirtamos en "esclavos" de Dios y de la justicia, ya que eso nos lleva a la santificación (Romanos 6:19-22). Fíjate que esto concuerda perfectamente con nuestra definición de santidad: apartarnos del mundo roto y de su maldad para poder unirnos a Dios y a su bondad.

Del mismo modo, Pedro habla de cómo llegamos a ser "partícipes de la naturaleza divina" (2 Pedro 1:4). La palabra griega para "partícipe" en este versículo es *koinonos*, que también puede traducirse como "compañero" (Lucas 5:10). Entendemos que los compañeros se unen entre sí para un propósito en común y, nosotros, estamos unidos al Señor y llamados a ser compañeros en nuestra santificación haciendo "todo esfuerzo" para edificar nuestra fe con la virtud, el conocimiento, el autocontrol, la constancia, la piedad, la bondad fraternal y el amor (2 Pedro 1:5-8).

Por último, como ya hemos comentado, Jesús mismo nos dijo que no era suficiente que Él permaneciera en nosotros, debemos poner de nuestra parte para permanecer en Él (Juan 14:21, 15:4).

Más adelante hablaremos de la actitud de "temor y temblor" de Filipenses 2. Por ahora, para captar mejor lo que quiero decir con un "trabajo interno", observa este diagrama de la vida humana.

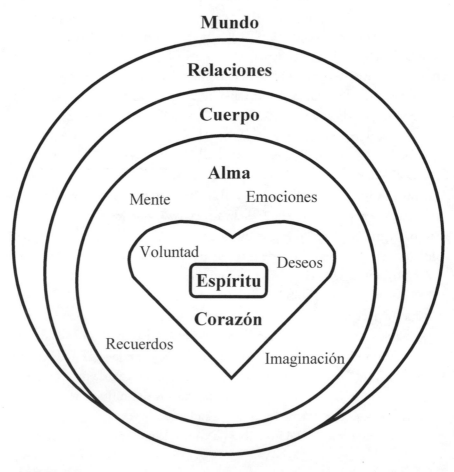

En el centro de nuestro ser está nuestro corazón, y no es aquí no están nuestras emociones; en cambio, es el lugar de nuestra voluntad y nuestros deseos, es decir, lo que queremos y lo que elegimos. Se puede decir que nuestro corazón es el centro de control de nuestro carácter.

Dentro de nuestro corazón está nuestro espíritu humano, que fue diseñado para conectarse con el Espíritu de Dios, pero ese espíritu humano está desconectado, inactivo y es ineficaz hasta que renacemos

Alrededor de nuestro corazón está nuestra alma, la cual está compuesta por nuestra mente, incluyendo nuestro intelecto, recuerdos, subconsciente, imaginación y nuestras emociones, las cuales son constantemente activadas por las señales que vienen de nuestra mente.

Alrededor de nuestra alma está nuestro cuerpo, con sus necesidades y apetitos. Y fuera de nuestro cuerpo está el mundo y todas nuestras relaciones en el mundo: todo y todos los demás.

Cuando vivimos apartados de Dios, vivimos de afuera hacia adentro; por lo tanto, todo lo que sabemos sobre lo que es verdadero, bueno e importante viene del mundo, y de nuestras relaciones a través de los sentidos de nuestro cuerpo y nuestra mente. Entonces, dado que el mundo está dominado por el padre de la mentira, mucho de lo que aprendemos en este mundo y de esas relaciones son engaños que corrompen de por sí nuestra mente, emociones, deseos y elecciones.

Sin embargo, cuando renacemos y recibimos al Espíritu Santo, nuestro espíritu se despierta ¡Nos conectamos! Por primera vez tenemos la opción de vivir de adentro hacia afuera. Dios está dentro de nosotros, listo para trabajar en nosotros y junto a nosotros para sus buenos propósitos, pero espera nuestra participación y, en algunos aspectos, nuestra autorización para dejarlo obrar. Dios dice que, si queremos que Él se acerque a nosotros, debemos acercarnos a Él (Santiago 4:8).

Cuando dirigimos nuestro corazón y nuestra mente hacia el Señor en la oración, incluyendo las "oraciones" de alabanza y acción de gracias que llamamos canto de adoración, podemos ser conscientes y experimentar tanto su atención amorosa hacia nosotros como su presencia en nuestro interior (Salmo 22:3; Proverbios 8:17; Romanos 8:16). Estos momentos de vínculo intencional y relacional son una gran bendición y pueden ser transformadores, especialmente si ocurren con frecuencia. En nosotros influye la compañía que tenemos ¡y no hay mejor compañía que la del Señor! (Proverbios 13:20; 27:17)

Así mismo, debemos entender que conocer al Señor es mucho más que conocer su presencia. Como en cualquier otra relación, cuanto más sepamos sobre la persona con la que estamos, más podremos conocerla. Aprendemos sobre Dios (quién es y lo que quiere) principalmente a través de Toda Escritura inspirada por Dios (2 Timoteo 3:16-17).

Podemos invitar al Espíritu de la Verdad dentro de nosotros para que renueve nuestras mentes y transforme nuestras vidas mientras estudiamos la Palabra de Dios, desplazando las mentiras del mundo con la verdad que nos libera (Romanos 12:2; 2 Timoteo 3:16-17; Salmo 1, 119; Mateo 28:18-20; Juan 8:31-32, 14:21, 23, 15:7). No se trata simplemente de estudiar la Biblia, se trata de replantear nuestra visión del mundo y nuestra comprensión de la realidad hacia lo que es verdaderamente real. Mientras más aprendamos acerca de Dios, más podremos conocerlo. Mientras más aprendemos sobre quiénes somos y quiénes podemos llegar a ser, los "ojos de nuestro corazón" se iluminan, y empezamos a ver la maravillosa esperanza y el futuro al que Él nos invita (Efesios 1:18-19; Jeremías 29:11).

Con todo esto, te digo que combinar la oración y el estudio de la Palabra de Dios tampoco es suficiente. Se nos pide que recibamos y conservemos los mandamientos del Señor, a ser tanto oidores como hacedores de su Palabra (Mateo 28:18-20; Juan 14:21, 23; Santiago 1:22-25). Los que oyen, pero no obedecen siguen viviendo en casas edificadas sobre de arena, y no son capaces de resistir cuando llegan las tormentas de la vida (Mateo 7:24-27).

En cambio, los que escuchan y siguen la Palabra invitarán al Espíritu de Gracia a sanar sus recuerdos y emociones mientras aprenden a perdonarse a sí mismos y a los demás (Mateo 6:12-15; Efesios 4:26-27, 30-32; Salmo 147:3; Hebreos 10:29).

> Mientras más aprendamos acerca de Dios, más podremos conocerlo.

Los oyentes y hacedores de la Palabra invitarán al Espíritu de Sabiduría a darles una nueva perspectiva de su pasado, aprendiendo de él, pero sin estar ya encadenados a este (Isaías 11:2; 2 Corintios 5:17).

También invitarán al Espíritu de Sabiduría a guiarlos en sus decisiones futuras (Santiago 1:5; Efesios 1:17).

Los oyentes y hacedores de la Palabra invitarán al Espíritu de Amor dentro de ellos a desechar todos sus temores mientras reciben el amor perfecto que Dios tiene para ellos (1 Juan 4:18; 2 Corintios 13:11). Sus corazones y mentes serán resguardados por la paz de Dios (Filipenses 4:6-7) y el Espíritu llenará sus corazones de amor por los demás (Romanos 5:5).

Los oyentes y hacedores de la Palabra invitarán al Espíritu de Justicia dentro de ellos a transformar los deseos de su corazón para que puedan establecer nuevas metas y prioridades consistentes con los maravillosos y gozosos planes que Dios les ha preparado (Romanos 14:17; Mateo 6:33; Salmo 37:4-6).

RESISTENCIA

Debemos preguntarnos ¿Por qué no estamos todos persiguiendo constantemente estas increíbles oportunidades de ser transformados, sanados, liberados, hechos completos y de llegar a ser como Jesús? ¿Por qué dudamos en estar siempre en compañía del Señor, aprendiendo su verdad, recibiendo su sabiduría y convirtiéndonos en las personas amorosas, pacíficas y alegres que Dios creó? (Romanos 14:17) Podríamos excusarnos alegando que las verdades bíblicas sobre la santificación no se enseñan ni se predican con frecuencia, pero ¿por qué ocurre esto? Si las escrituras están al alcance de los predicadores, de los maestros y de cada uno de nosotros.

La razón principal por la que la mayoría de los cristianos no buscan activamente la santificación es porque no es fácil. De hecho, muchos predicadores y maestros no la enseñan ni la predican porque si lo hicieran tendrían que practicar lo que predican, y eso es tan complicado para ellos como para cualquier otra persona —incluso puede ser más difícil— (Santiago 3:1).

La santificación es un acto de gracia, pero no es un "don gratuito". Es un trabajo interno e implica esfuerzo, por eso estamos llamados a dejar de lado las cosas que hemos aprendido a disfrutar. Cualquiera que haya comenzado una dieta sabe lo difícil que puede ser seguirla (Hebreos 12:1), por eso estamos llamados a "ejercitar" nuestra santificación; cualquiera que haya comenzado un programa de ejercicios sabe lo difícil que puede ser hacer el trabajo constantemente (1 Corintios 9:25-27).

La santificación es un trabajo interno que encuentra una fuerte resistencia en el interior y cuando nuestros espíritus viven por primera vez al convertirse en uno con el Espíritu de Dios, nuestra mente, corazón, cuerpo y alma todavía están gravemente dañados. El enemigo ha construido fortalezas en nuestra mente y ha cavado puntos de apoyo en nuestra alma (2 Corintios 10:4; Efesios 4:27).

Nuestro paso hacia la salvación eterna es similar a la del pueblo hebreo al cruzar el río Jordán hacia la tierra prometida: una vez que entraron, tuvieron que erradicar los residentes paganos que se habían apoderado de la tierra mientras ellos estaban bajo la esclavitud egipcia; de hecho, terminaron su marcha hacia la tierra prometida sólo para encontrar que las batallas acababan de empezar.

> La santificación es un trabajo interno que encuentra una resistencia fuerte.

Pablo llama a esto la batalla entre el Espíritu y la carne (Gálatas 5:16-25; Romanos 6-8). Incluso después de que recibimos la salvación a través de la cruz de Cristo y la morada del Espíritu Santo, el pecado que habitó tanto tiempo en nuestra carne continúa sus esfuerzos para hacernos pensar en las cosas de la carne y arrastrarnos a la continua esclavitud del pecado en lugar de la justa obediencia a Dios (Romanos 6:15-22).

En otras palabras, el "viejo hombre" se resiste a ser despojado por el "nuevo hombre" (Efesios 4:20-24). El "viejo hombre" era el "hombre" que vivía en un autogobierno, egocéntrico, autoindulgente, moralista, autosuficiente y autónomo. El "nuevo hombre" es "Cristo en mí" que significa: Jesucristo y yo viviendo juntos en sociedad, donde Él ocupa el trono de mi corazón (Gálatas 2:20; 1 Pedro 3:15). Para despojarnos del "viejo hombre" y revestirnos del "nuevo hombre", debemos negarnos a nosotros mismos y seguirlo a Él (Lucas 9:23).

El Dios que vive en nosotros es mayor que el pecado y que todas las fuerzas de las tinieblas (1 Juan 4:4). Está claro que podemos ganar esta batalla (Romanos 8:31), pero Dios no despojará nuestro viejo ser por nosotros. Entonces, debemos escoger cada momento de cada día para permanecer fuera del trono de nuestras vidas y que el Señor pueda sentarse allí con autoridad. Esta negación del ser, dejando de lado nuestras prioridades y deseos por los de Él, es lo contrario de todo lo que el mundo nos ha enseñado. Es una "puerta estrecha" y un "camino difícil", y los seres humanos generalmente preferimos lo "fácil" (Mateo 7:13-14).

Entonces, ¿cómo podemos motivarnos para tomar el camino difícil, superar esta dura resistencia y perseguir diligentemente la santificación? Mucho de lo que se nos ha enseñado en la iglesia sobre la salvación ha sido, por desgracia, contraproducente: la salvación nos la presentan como un completo regalo, ignorando las Escrituras que exigen que hagamos a Jesús Señor de nuestras vidas. Además, nos muestran el amor de Dios como completo e incondicional, ya sea que pequemos o no, ignorando de nuevo las escrituras que dicen que aquellos que viven por la carne y no por la fe no pueden agradar a Dios (Romanos 8:8; Hebreos 11:6). Entonces, si pensamos que nuestro boleto al cielo ya está aprobado, ¿qué motivación hay para que hagamos más?

Creo que la respuesta a esto es algo que pocos cristianos abordan hoy: el conocimiento y temor del Señor (Isaías 11:2).

EL CONOCIMIENTO Y TEMOR AL SEÑOR

El temor de Dios es el principio de la sabiduría y el primer paso hacia la santificación (Salmo 111:10; 2 Corintios 7:1).

El temor al daño es un temor por el que podemos ser convencidos del pecado y movidos al arrepentimiento (Marcos 1:14-15; Hechos 2:37-38). Reconocemos que estamos desobedeciendo y rebelándonos contra Dios, Señor y Juez de toda la creación, y que el destino de nuestra vida eterna está en sus manos (Mateo 10:28).

El temor en el sentido de admiración y reverencia es el que nos da hambre y sed de justicia porque el Dios que nos hizo y nos ama sabe exactamente lo que es mejor para nosotros (Mateo 5:6, 6:33), por eso confiamos en Él y estamos deseosos de agradarle (Hebreos 11:6).

El Primer y el Segundo Gran Despertar desencadenaron este multifacético temor de Dios como parte de la convicción del Espíritu Santo sobre el pecado y la justicia; ambas convicciones son motivadores esenciales para el desafiante camino a la santificación.

Demasiadas veces he escuchado a los evangelistas preguntar a la gente si saben a dónde irán cuando mueran y, luego, invitarlos a que simplemente confíen en Jesús como su Salvador, y reciban el regalo gratuito de la salvación de parte de un Dios que los ama incondicionalmente y pagó por sus pecados en la cruz. Pienso que hay algo de verdad en esta invitación: a primera vista parece bíblica, pero en realidad es una invitación basada en el miedo al infierno y no en el temor al Señor. No hay comprensión de la importancia del Mandato de Cristo en ella, no hay un llamado a seguir a Jesús, y no hay una fuerte motivación para abandonar el pecado y buscar la santidad, puesto que sólo los "no salvos" necesitan temer a Dios.

En el otro extremo del espectro, he visto a predicadores cristianos liberales explicar a la gente que Dios los ama y valora tal como son, que Él entiende sus luchas y, que simplemente deben confiar en Su amor y gracia, sabiendo que al final todo saldrá bien. Una vez más, esto contiene algo de verdad y suena bíblico, pero no hay temor de Dios o del infierno para nadie y absolutamente ningún llamado a someterse al Mandato de Cristo.

Millones de cristianos viven entre estos dos extremos creyendo en algo que sigue estando fuera de la voluntad de Dios; creen que el temor del Señor es principalmente un concepto del Antiguo Testamento. Están algo comprometidos con su fe, reconocen que no son perfectos y que podrían hacerlo mejor, pero creen que ya están haciendo algo mejor que "alguien más". Contentos con el nivel de fe que tienen y el boleto al cielo que han asegurado, estos cristianos y congregaciones son, como la iglesia de Laodicea, tibios. La difícil búsqueda de la santificación no tiene ningún atractivo para ellos (Apocalipsis 3:14-19).

> Muchos de los llamados al culto se basan en el temor al infierno y no en el temor al Señor.

Si queremos llegar a ser cristianos maduros y queremos ver el próximo Gran Despertar, debemos entender que el temor del Señor es un imperativo tanto del Antiguo como del Nuevo Testamento (Deuteronomio 10:12, 20; Salmo 19:9, 33:8, 34:9, 11; 111:10; Hechos 9:31; 2 Corintios 5:9-11, 7:1; Hebreos 12:28; 1 Pedro 2:17; Apocalipsis 14:6-7). El temor del Señor es el principio de la sabiduría y su ausencia nos impide crecer en sabiduría.

También debemos entender que el temor al Señor es sólo el "principio" de la sabiduría, pues para avanzar en la sabiduría, debemos avanzar en nuestro conocimiento del Señor (Proverbios 1:7, 28-31, 2:1-5, 9:10, 14:27, 15:33).

Como se dijo anteriormente, aprendemos más sobre Dios principalmente de las Escrituras, pero Dios también se revela maravillosamente en Su creación (Salmo 19:1-6; Romanos 1:20; Jeremías 10:12). Hace muchos años, escuché un sermón en cassette de A. J. Tozer sobre este tema y, si recuerdo un poco me hizo concentrarme primero en que soy una persona parada en una pequeña parcela de tierra, en un condado que es a su vez una pequeña parte de un estado, que es a su vez una pequeña parte de nuestra nación, que es a su vez una parte del continente norteamericano, que es a su vez una parte de un planeta llamado Tierra, que es a su vez uno de los muchos planetas que orbitan alrededor de un sol a millones de kilómetros de distancia, que es a su vez uno de los millones de soles en la galaxia que llamamos la Vía Láctea, que es a su vez una de los millones de galaxias en un universo que fue creado y es mantenido cada momento de cada día por Dios.

El predicador Tozer me hizo centrarme en que Dios me creó y, que estoy única y asombrosamente formado por muchos órganos y tejidos complejos, que a su vez están formados por células diseñadas a partir de genes y ADN, que a su vez están formados por agua y otras sustancias químicas que, a su vez, están formadas por moléculas que están formadas por protones, neutrones y electrones con mucho espacio entre ellos (Salmo 139:13-14). Además, hay otros 7.800 millones de personas que también han sido creadas por Dios de forma tanto única como asombrosa y encima de eso, Él conoce el número de cabellos de la cabeza de cada uno de nosotros (Lucas 12:7).

Si miras en una sola dirección, te sentirás más pequeño que una mota de polvo. Si miras en otra dirección, te sentirás como un universo en sí mismo, junto con otros ocho mil millones. ¡Y Dios lo creó todo! Decir que sus caminos no son nuestros caminos y que sus pensamientos no son nuestros pensamientos, es una de las mayores subestimaciones de todos los tiempos (Isaías 55:8-9). Entonces, ¿cómo podríamos tratar a Dios tan despreocupadamente o darlo por sentado? Por desgracia, eso es exactamente lo que tendemos a hacer.

Esta tendencia a disminuir nuestra visión de Dios también se aplica a

Jesús. Nos lo imaginamos en el pesebre, bendiciendo a los niños, orando en Getsemaní, colgado en una cruz, enseñando, sanando a la gente, y apareciendo con una simple túnica blanca como el Señor resucitado ante María o los discípulos. No obstante, el Cristo de hoy es resucitado, ascendido y glorificado, pero la imagen que las Escrituras nos dan de Él es una que casi nunca consideramos:

"...*vi* a uno semejante al Hijo del Hombre, vestido con una túnica que le llegaba hasta los pies y ceñido por el pecho con un cinto de oro. Su cabeza y Sus cabellos eran blancos como la blanca lana, como la nieve. Sus ojos eran como una llama de fuego. Sus pies se parecían al bronce bruñido cuando se le ha hecho refulgir en el horno, y Su voz como el ruido de muchas aguas. En Su mano derecha tenía siete estrellas, y de Su boca salía una espada aguda de dos filos. Su rostro era como el sol *cuando* brilla con *toda* su fuerza (Apocalipsis 1:13–16).

El apóstol Juan, que se llamaba a sí mismo "el discípulo a quien Jesús amaba", cayó como hombre muerto cuando vio a Jesús (Apocalipsis 1:17; Juan 21:7, 20). El resplandor del Jesús ascendido revela la gloria de su santa justicia y la incomparable majestad de su mandato sobre el cielo y la tierra. Ya no será nunca más vaciado de su divinidad y ya no estará más en la cruz, pues Él es la Palabra de Dios que es Dios Hijo, quien estaba en el principio, y cuya creación fue creada por medio de Él y para Él (Juan 1:1-3; Colosenses 1:15-20).

Este es el Jesús que nos ama incondicionalmente y eligió ser torturado y morir por nuestros pecados; este es el Jesús que perdona nuestros pecados y luego nos dice que no pequemos más; este es el Jesús que vive en nosotros a través del Espíritu Santo; este es el Jesús que nos invita diariamente a una relación íntima y personal; este es el Jesús que nos invita a parecernos cada vez más a Él.

Este es el Jesús que conoce todo lo que hacemos, decimos, pensamos y sentimos (Salmo 139:1-18); este es el Jesús que, al igual que su Padre, ama el bien y odia el mal, y nos pide que hagamos lo mismo (Salmo 5:4-5, 97:10; Proverbios 6:16-19; Hechos 10:38; 1 Juan 3:8).

Entre otras cosas, el temor al Señor es el odio al mal (Proverbios 8:13), por eso, el mismo apóstol Juan, que nos dice que Dios es amor, nos habla en el Apocalipsis de la ira de Dios que se dirigirá en los últimos días contra el mal (1 Juan 4:8, 16; Apocalipsis 14:19, 15:7, 16:1, 19:15; Romanos 1:18).

En la iglesia moderna, que se preocupa por el amor incondicional y la gracia de Dios, se han perdido los llamados bíblicos al arrepentimiento y la santificación continua porque pasamos por alto la realidad de que el pecado es malo, tanto si se perdona como si no (Salmo 51:4). El mal no puede habitar con Dios (Salmo 5:4-5), el pecado nos separa de Dios (Isaías 59:2). No hay maldad o pecado en el cielo y no hay personas con pecados no resueltos en el cielo. Nuestros pecados pasados deben ser cubiertos por la sangre de Jesús antes de que el Espíritu Santo pueda venir a vivir en nosotros en la tierra.

Incluso después de que nuestros pecados pasados sean cubiertos y perdonados, el nuevo pecado sigue creando barreras entre nosotros y Dios (Isaías 59:2 NRS). La Biblia dice que todo aquel que se dedica a pecar pertenece al diablo, no a Dios (1 Juan 3:8). Y, aunque ningún cristiano está libre de pecado y nuestros pecados como cristianos no anulan nuestra salvación, sí apagan y contristan al Espíritu Santo (1 Juan 1:8-9; 1 Tesalonicenses 5:19; Efesios 4:30-32). Los pecados, interfieren en nuestra intimidad y disminuyen el fruto de nuestras vidas al debilitar la conexión entre la rama y la vid (Juan 15:2, 7-8); Dios odia eso y quiere que también lo odiemos.

La santificación consiste en purgar el mal de dondequiera que se haya instalado en nuestro interior. Somos templos del Señor, y el Señor que vive dentro de nosotros quiere limpiar su templo (Mateo 21:12-13; 1 Corintios 6:15-20). A medida

> El pecado es malo, aunque sea perdonado. La santificación consiste en purgar el mal de donde sea que se haya instalado en nuestro interior, porque Él nos ama y somos Su templo.

que conozcamos mejor al Dios que vive dentro de nosotros y lo que quiere hacer, nuestro temor al Señor nos impulsará a no huir del Señor, sino a ir hacia Él, para que haga brillar Su luz en nuestros corazones y mentes, y nos limpie de todo lo que a Él le desagrada (Salmo 139:23-24, 51:1-12). Tendremos más ansias por la santificación que un leproso por la limpieza (Marcos 1:40-42), tendremos hambre y sed de justicia y por eso seremos saciados (Mateo 5:6). Y si estamos dispuestos a negarnos a nosotros mismos y no ser amantes de nuestro ser, seremos verdaderos amantes de Dios (2 Timoteo 3:2-5).

Este conocimiento y temor al Señor —aceptar el amor de Dios por el bien y aborrecer el mal dentro de nosotros, nos motiva hacia la santificación para que de esta forma podamos ser como Jesús. Del mismo modo, aceptar el amor de Dios por las personas y su odio al mal en el mundo nos motiva a una misión: el deseo de existir para Jesús.

5

MISIÓN: SER PARA JESÚS

Ustedes, como piedras vivas, sean edificados como
casa espiritual para un sacerdocio santo, para ofrecer
sacrificios espirituales aceptables a Dios por medio
de Jesucristo … Pero ustedes son linaje escogido, real
sacerdocio, nación santa, pueblo adquirido para posesión
de Dios, a fin de que anuncien las virtudes de Aquel
que los llamó de las tinieblas a Su luz admirable.

—1 Pedro 2:5, 9

Y todo lo que hagan, de palabra o de hecho,
háganlo todo en el nombre del Señor Jesús, dando
gracias por medio de Él a Dios el Padre.

—Colosenses 3:17

Ya hemos dicho en nuestra discusión de Juan 14-17 que cada cristiano es llamado a ser una rama en la vid con la finalidad de producir muchos frutos para la gloria del Padre; la misión del Espíritu Santo de convencer al mundo de pecado, de justicia y de juicio se lleva a cabo principalmente a través de los cristianos en los que vive el Espíritu Santo.

Cada cristiano manifiesta el Espíritu a través de la asignación divina de dones, ministerios y unciones (1 Corintios 12:4-7; Romanos 12:4-8; 1 Pedro 4:10). Así como todos somos llamados a unirnos a Cristo, también cada santo es llamado a la obra del ministerio (Juan 17:21; Efesios 4:12-13), pues todos somos miembros del cuerpo de Cristo llamados a crecer en aquel que es la cabeza, y aunque las distintas partes tengan diferentes funciones, todos somos indispensables a los ojos de Dios (Efesios 4:15; Romanos 12:4; 1 Corintios 12:22). Hasta que no estemos todos unidos y cada uno haga su parte, el cuerpo no podrá alcanzar la madurez que necesita, una madurez que se mide por la altura completa de Cristo (Efesios 4:11-17).

Nadie lo dijo más claramente que el propio Jesús: si quieres ser digno de mí, debes negarte a ti mismo, tomar tu cruz cada día y seguirme (Mateo 10:38; Lucas 9:23). Un ejemplo de este tipo podemos verlo cuando Jesús, el Hijo de Dios, nuestro Señor y Salvador se humilló para ser un siervo, no sólo en la cruz sino también con el lavatorio de pies, y luego nos pidió que hiciéramos lo mismo (Juan 13:3-7; Filipenses 2:1-8). Podemos darnos cuenta de que, a diferencia de Cristo, nuestra cruz es para un sacrificio vivo en lugar de un sacrificio de vida (Romanos 12:1), esto quiere decir que, aunque nuestra misión no sea un sacrificio de vida, nuestro servicio no deja de ser sacrificado.

Dada la claridad de todas estas escrituras, entonces ¿por qué no se predica y enseña normalmente el mandato divino de la misión para cada cristiano? ¿Por qué se permite a la gran mayoría de los cristianos centrarse en cómo pueden ser servidos y bendecidos en lugar de cómo deben servir a Dios y bendecir a los demás? ¿Cómo es posible que un hijo de Dios se convierta en alguien que no busque contribuir?

EL SACERDOCIO REAL DE LOS CREYENTES

De todo el daño causado por ese mal movimiento en el tiempo del emperador Constantino, ninguno es mayor que la reinstitución de una forma de sacerdocio del Antiguo Testamento y la emasculación del sacerdocio real de los creyentes. A continuación, lo explicaré con más detalle:

Cuando Dios apartó al pueblo hebreo bajo el Antiguo Pacto de la ley, les dijo que serían un "reino de sacerdotes y una nación santa" (Éxodo 19:2). Ya hemos discutido el significado de "santo", y sabemos que el pueblo hebreo ya estaba familiarizado con el concepto de "sacerdotes".

Los sacerdotes han funcionado como intermediarios o mediadores entre los pueblos y sus dioses desde el principio de los tiempos. Había sacerdotes en la cultura caldea de la que procedía Abraham; sacerdotes entre los cananeos cuando Abraham vivía en la tierra prometida; y sacerdotes en Egipto, donde el pueblo hebreo pasó más de cuatrocientos años de esclavitud.

En pocas palabras, los sacerdotes hacen función de ministros de Dios —o de los dioses— en nombre del pueblo, y ellos ministran al pueblo en nombre de Dios.

Cuando Dios declaró que estaba apartando a la nación hebrea de todos los demás pueblos de la tierra para ser Su reino de sacerdotes, les estaba asignando la responsabilidad de ministrar para Él, a través de la adoración, la oración y la obediencia para que llegaran a ser santos como Él es santo. Justo a ellos se les confiaron los oráculos de Dios (Romanos 3:2); y, a través de ellos, como descendientes de Abraham, Dios planeaba bendecir a todas las naciones (Génesis 22:18). El Cristo enviado para salvar al mundo vendría a la tierra de entre ellos (Romanos 9:5) y, así formarían parte del árbol en el que todo cristiano no hebreo sería agregado para su salvación (Romanos 11:17-18).

Dios creó este pacto con el pueblo hebreo cuando lo reunió al pie del Monte Sinaí y luego descendió de la montaña con truenos, relámpagos, fuego, humo y un gran toque de trompetas; Dios declaró los Diez Mandamientos mientras la montaña ante el pueblo temblaba con Su poder y ellos temblaban de terror (Éxodo 19; Hebreos 12:18-21). Después de esta gran demostración de cuán temible es Dios, el pueblo le dijo a Moisés que se comprometía a obedecer a Dios, pero no querían que Él les hablara directamente, porque temían por sus vidas —le rogaron a Moisés que fuera su intermediario — (Éxodo 20:18-19, 24:3).

Dios, por supuesto, se había anticipado su respuesta, de manera que así nació el sistema del tabernáculo en el desierto, que más tarde se convertiría en el sistema del templo en Jerusalén. La tribu de Moisés, los levitas, se convirtieron en los cuidadores del tabernáculo y el templo, y la familia de Moisés, a través de su hermano Aarón, se convirtió en el sumo sacerdote y los sacerdotes que mediarían entre el pueblo y Dios.

Estos sacerdotes tenían acceso a los lugares santos del tabernáculo y del templo donde el pueblo no podía ir, también realizaban rituales y otras funciones que el pueblo no podía hacer. También, se les dio una vestimenta especial —túnicas y ornamentos— que los distinguía del resto del pueblo.

Casi mil quinientos años después, Jesús se presentó con un nuevo pacto y un nuevo sistema. Cuando Jesús murió en la cruz, el velo del templo fue rasgado por Dios, lo que significaba que todo el pueblo de Dios tendría ahora acceso directo al lugar santísimo y a la presencia de Dios (Mateo 27:50-51; Hebreos 9, 10:19-22; Jeremías 31:33-34).

Este nuevo pacto proveyó no sólo una nueva forma de acceder a Dios, sino un nuevo sacerdocio y templo donde los sacerdotes ya no se interpondrían entre Dios y su pueblo. En su lugar, Jesús mismo se convirtió en el Sumo Sacerdote (Hebreos 4:14-16, 6:20, 7:26-28). El sacerdocio bajo su liderazgo —el único sacerdocio— sería ahora el sacerdocio real de todos los creyentes (1 Pedro 2:9). Y, en lugar de un tabernáculo o edificio como estructura en la que Dios viviría y se reuniría con nosotros, la casa de Dios se construiría con piedras vivas (1 Pedro 2:9). Desde este momento, si estamos revestidos por el Espíritu Santo, llevaremos a Dios dondequiera que vayamos.

El sacerdocio real de todos los cristianos lleva su nombre porque todos los cristianos son hijos e hijas del Padre celestial y hermanos y hermanas menores de Jesús, el Rey de Reyes (Juan 1:12-14; Romanos 8:29). Desde ahora tenemos autoridad real: las llaves del reino bajo la autoridad de nuestro rey (Mateo 16:19). Aquel que fue la luz del mundo mientras caminaba por la tierra ahora vive en nosotros a través del Espíritu Santo y nos llama a ser la luz del mundo (Juan 9:5; Mateo 5:14). Nosotros ministramos a Dios a través de nuestra adoración, obediencia y oración, tal como Él se lo pidió al pueblo hebreo. También ministramos a las personas perdidas de este mundo en nombre de Dios, por medio de formas que discutiremos un poco más adelante.

> El nuevo pacto de Cristo creó un nuevo sacerdocio y templo, ambos constituidos por todo el pueblo de Dios.

El sacerdocio real de los creyentes no carece de estructura. Los sacerdotes necesitan formación y responsabilidad, al igual que los discípulos necesitan ser guiados. Basándose en las tradiciones de la cultura hebrea, Jesús y sus apóstoles dispusieron que en cada iglesia se nombraran ancianos de entre sus miembros para pastorear y supervisar la congregación (Hechos 14:23, 20:17, 20; Tito 1:5). Las descripciones bíblicas de estos nombramientos sugieren claramente que se nombraban varios ancianos para cada congregación, de modo que no hubiera una sola persona a cargo, y no hubiera confusión sobre el hecho de que Jesús es a cabeza de cada iglesia (1 Timoteo 4:14, 5:17; 1 Pedro 5:1-2).

La palabra griega para "anciano" es *presbyteros*, que en este contexto significa persona madura de la fe a la que se le ha dado autoridad y responsabilidad (Tito 1:6-9). Su labor como ancianos era proporcionar un liderazgo de servicio y preparar a los demás santos —sus hermanos y hermanas en Cristo— para el ministerio (Hebreos 13:17; Efesios 4:12). La preparación de los santos se lleva a cabo en sus funciones de siervos apostólicos, profetas, evangelistas, pastores o maestros (Efesios 4:11).

Por favor ten en cuenta que la función de los ancianos se describe en las Escrituras más de una vez como la de pastor —*poimen* en griego— y la de supervisor u obispo *episcope* en griego (Hechos 20:28; 1 Pedro 5:2; Tito 1:7). Las Escrituras identifican a Pedro como apóstol y anciano (1 Pedro 5:1). Pablo se identificó a sí mismo como apóstol, predicador y maestro, pero no como anciano, probablemente porque nunca estuvo ligado a una congregación (1 Timoteo 2:7). Las Escrituras señalan que otros ancianos servían como maestros y predicadores evangelistas; algunos de los ancianos de Antioquía eran profetas (1 Timoteo 5:17; Hechos 13:1).

Lo más importante es recordar que estos ancianos no actuaban como intermediarios o mediadores entre Dios y sus hermanos y hermanas en Cristo. Ese papel está reservado sólo para Jesucristo (1 Timoteo 2:5; Mateo 23:8-10).

Desgraciadamente, cuando el emperador Constantino empezó a mezclar el Imperio Romano con la fe cristiana, trajo a la iglesia tanto su aprobación como su influencia mundana. Los cristianos se reunían en casas y zonas comunes, pero ahora se construyeron edificios eclesiásticos ornamentados porque eso era lo que le gustaba a la realeza secular. Se nombraron sacerdotes oficiales para supervisar estas instalaciones y los servicios que se celebraban en ellas. A estos sacerdotes se les proporcionaban túnicas y ornamentos especiales para distinguirlos de los demás, y se les daban lugares especiales en el sitio para realizar sus funciones donde el pueblo no podía acceder. Se desarrolló una jerarquía de sacerdotes, con obispos que gobernaban sobre los sacerdotes menores y un papa que gobernaba sobre todos como nuevo sumo sacerdote a la cabeza de la iglesia.

En resumen, se descartó prácticamente todo lo que Jesús había hecho para crear un nuevo sistema, se restableció el formato del Antiguo Pacto de "pueblo, sacerdotes y Dios", y el sacerdocio real compuesto por todos los cristianos desapareció.

La Reforma Protestante liberó a los cristianos del dominio papal, pero no restauró completamente el sistema del Nueva Pacto, por esta razón, algunas denominaciones protestantes todavía tienen sacerdotes y jerarquía sacerdotal, y varias de ellas todavía tienen túnicas y ornamentos. De hecho, prácticamente todas siguen refiriéndose a sus pastores y predicadores como sus "ministros", sugiriendo de esta manera que los demás cristianos no lo son.

Los términos que hemos utilizado en la iglesia durante muchos siglos, tanto católicos como protestantes son "clero" y "laicos". El significado de "laico" es "gente común", mientras el significado de "clero" es "clérigo" o "formado", sin embargo, el significado tradicional de "clero" es "alguien elegido para el trabajo religioso o el trabajo en la iglesia". Espero y oro para que todos puedan ver los graves problemas que generan estos términos.

Todos los cristianos han sido apartados, no sólo los ancianos, pues todos los cristianos están involucrados y dotados para la obra de Cristo. Ningún cristiano es una "persona común", porque todos los cristianos son hijos y herederos de Dios, en los que vive Dios y son parte del único sacerdocio real del Señor. Aquellos cristianos que realizan el trabajo menos honroso tienen derecho a vestirse con la mayor honra, al igual que las partes menos honrosas del cuerpo (1 Corintios 12:22-24).

El próximo Gran Despertar puede no requerir un cambio total en la estructura y la terminología de la iglesia, pero requerirá que sepamos quiénes somos y quiénes no. El tiempo de las celebridades cristianas ha pasado, por lo que habrá hombres y mujeres en los que se confíe mucho y se les honre, pero la única celebridad en el futuro será Jesucristo (Filipenses 2:9-11; 1 Timoteo 5:17). Los verdaderos ancianos líderes de servicio —ya sean pastores, predicadores, maestros, profetas o siervos apostólicos — serán reconocidos por dos cosas (Mateo 7:15-20).

En primer lugar, se considerarán servidores, no sólo de Dios, sino también de la gente, y nunca serán sus gobernantes ni se centrarán en la fama o recompensas, sino que serán modelos de una vida cristiana madura, mientras aman a la gente con el amor sacrificado de Jesús (Mateo 20:25-28; Marcos 9:33-35; Juan 15:12-13).

En segundo lugar, su pasión será preparar y capacitar a todos los santos para el ministerio, de modo que cada rama de la vid sea fructífera para la gloria del Padre.

Esto nos lleva a la última y más importante pregunta que debemos hacernos sobre el sacerdocio real: ¿Cuál es exactamente nuestra misión en el mundo, tanto a nivel colectivo como individual?

REPRESENTAMOS A JESÚS ANTE EL MUNDO

La misión del sacerdocio real está expresamente establecida en 1 Pedro 2:9 como el linaje escogido y nación santa, un pueblo adquirido para posesión de Dios, estamos llamados a "... que anuncien las virtudes de Aquel que los llamó de las tinieblas a Su luz admirable. " (AMP).

Esta declaración acerca de la misión concuerda perfectamente con la declaración de Jesucristo, quien dijo que después de recibir el Espíritu Santo prometido, seríamos Sus testigos en nuestras propias comunidades y en todo el mundo (Hechos 1:4-5, 8).

También concuerda con lo que muchos describen como la "Gran Comisión" en Mateo 28:19-20. En primer lugar, debemos ir y dar testimonio del Evangelio a los perdidos para que reciban a Cristo como Salvador y Señor y se bauticen. ¿Y cómo creerán en Aquel de quien no han oído (Romanos 10:13-15)? Después de que hayan nacido de Dios, los hacemos discípulos, enseñándoles a obedecer todo lo que Jesús ha mandado. Como ya hemos explicado, eso significa que ponemos a los nuevos cristianos en el mismo camino de intimidad, santificación y misión que nosotros recorremos.

Lo que a menudo no entendemos es que la responsabilidad de un testigo es mucho más que simplemente hablar. Como antiguo abogado litigante, puedo asegurar que el objetivo de los testigos es probar los hechos y las verdades sobre las que están testificando. Tienen que saber de qué hablan, deben ser creíbles, lo que significa que quiénes son y la manera en que viven es tan importante como lo que dicen.

Puede que el dicho "Las acciones dicen más que las palabras" no sea una cita bíblica, pero está apoyada bíblicamente por 1 Juan 3:18, donde se nos instruye a no amar sólo de palabra o de palabra, sino con hechos y en verdad. Por esta razón, creo que la mejor descripción general de la misión del sacerdocio real es Colosenses 3:17: "Y todo lo que hagan, de palabra o de hecho, háganlo todo en el nombre del Señor Jesús, dando gracias por medio de Él a Dios el Padre." (Colosenses 3:17).

No existe ningún compromiso —no te conformes con menos —en la invitación del Señor a tener una relación íntima y amorosa con Él; nos pide que seamos perfectamente uno con Él.

El Señor nos invita a ser santificados y nos llama al "amor perfecto", amando a todos los que Dios ama, y nos invita a caminar "de la misma manera en que Él caminó".

El Señor nos da un encargo en nuestra misión: las Escrituras nos llaman a hacer y decir todo en nuestra vida en el nombre de Jesús.

"En nombre de..." es una frase con un significado claro e importante tanto en la época de Jesús como en la actualidad. Denota que alguien está actuando como representante de otra persona, que actúa en su nombre, bajo su dirección y/o con su autoridad. Así como los abogados hablan en nombre de su cliente y los embajadores hablan y actúan en nombre de su gobierno.

Como cristianos, los que predicamos debemos hacerlo en el nombre de Jesús, proclamando lo que Él quiere para sus propósitos y su gloria (Hechos 9:28). Sanamos a la gente para Su gloria por el poder y la autoridad de Su nombre (Hechos 3:6; Santiago 5:14) y liberamos a las personas de la opresión demoníaca en Su nombre (Marcos 16:17). Lo mismo ocurre con la enseñanza, la profecía, la realización de milagros, el discernimiento de espíritus, las palabras de conocimiento o sabiduría, la interpretación de lenguas, la administración, la exhortación, la generosidad, los actos de misericordia, la ayuda, la dirección y la supervisión diaconal de la distribución de alimentos (1 Corintios 12:8-10, 28; Romanos 12:6-9; Hechos 6:1-3).

Nos reunimos en el nombre de Jesús (Mateo 18:20), somos bautizados en Su nombre (Hechos 2:38), y somos lavados, santificados y justificados en Su nombre (1 Corintios 6:11). Lo que el Señor dice a través de Pablo en Colosenses 3:17 es que toda nuestra vida es sal para la tierra y luz para el mundo como testimonio de Aquel que nos ama, nos salvó, vive en nosotros y nos guía (Mateo 5:13-16).

Somos tanto sacerdotes reales como templos del Espíritu Santo a tiempo completo (1 Corintios 3:16, 6:19). Somos "cristianos", un término para referirse a los discípulos de Jesús que se utilizó por primera vez en

Antioquía y que muchos consideran que significa "pequeños Cristos" o pequeños ungidos (Hechos 11:26). —al igual que fue para Jesús, ser un ungido es una tarea de tiempo completo —. Ahora, si comparamos nuestra identidad central en Jesús, todo lo demás sobre lo que somos es "basura" (Filipenses 3:8-9).

Prácticamente en cada momento de cada día, alguien está observando lo que hacemos y decimos como cristianos, ya sea en el trabajo, en casa, en un campo de golf o de compras. En la época de la Iglesia primitiva, la vida cotidiana de los cristianos hacía que tuvieran el favor de toda la gente que los rodeaba, y que cada día se salvaran más personas (Hechos 2:42-47). ¿No sería estupendo que eso volviera a suceder?

> Toda nuestra vida es testigo del Único que nos ama, nos salvó, vive en nosotros y nos guía.

REPRESENTAMOS A JESÚS PARA EL MUNDO

Además de nuestra responsabilidad de representar a Jesús ante el mundo, tenemos la fantástica responsabilidad de representarlo también para el mundo cuando oramos en su nombre.

En su origen, orar significa simplemente prestar atención al Dios que siempre nos presta atención (Salmo 16:8). Ya hemos establecido la importancia de la oración para nuestra santificación y nuestra intimidad con Dios. Lo que la Iglesia debe finalmente entender es que la oración es la misión más importante que tenemos. Todos somos piedras vivas reunidas y unidas para llegar a ser una casa espiritual (la casa y familia de Dios) con un solo Padre, un sólo Señor y un solo Espíritu (Efesios 4:4-6). Dios llama a esta casa (su casa) una casa de oración para todos los pueblos (Isaías 56:7; Marcos 11:17).

Este libro no es un libro de instrucción sobre la oración, pero hay tres cosas que debemos entender sobre ella si queremos comprender plenamente nuestras responsabilidades de oración para el sacerdocio real.

En primer lugar, Dios ha asignado la responsabilidad de la tierra a la humanidad, y generalmente espera nuestras oraciones para involucrarse (Génesis 1:26-31; Salmo 8:3-8; Salmo 115:16). Como Dios le dijo al rey

Salomón: "Si mi pueblo, sobre el cual es invocado Mi nombre, ora... entonces... yo sanaré su tierra" (2 Crónicas 7:14).

En segundo lugar, cuando Jesús declaró que Su pueblo haría lo que Él hizo e incluso cosas mayores, vinculó esa declaración directamente a la oración, prometiendo que Él haría cualquier cosa que le pidiéramos si oramos juntos en Su nombre (Juan 14:13-14).

Esta necesidad de orar en Su nombre es la tercera y más importante cosa que debemos entender. En un solo discurso en Juan 14-16, Jesús nos dice cuatro veces distintas que oremos en Su nombre (Juan 14:13-14, 15:16, 16:23-27). Él quiere que oremos por Su voluntad y planes para Su gloria según Su Palabra, guiada por Su Espíritu; si oramos según Su voluntad y tenemos fe, podemos estar seguros de que Él escuchará nuestra oración y que tendremos lo que hemos pedido en Su nombre (1 Juan 14-15; Mateo 18:19-20).

Hay más de 2.000 millones de cristianos practicantes en el mundo, de los cuales unos 250.000.000 viven en los Estados Unidos. ¿Te imaginas lo que pasaría si todos oráramos todos los días de acuerdo con la voluntad de Jesús en las comunidades, las naciones y el mundo?

> El señor quiere que oremos según sus planes y en su nombre, según su palabra guiada por su Espíritu y por su Gloria.

CONCLUSIÓN

Ya que resumí este libro en la introducción, no es necesario resumirlo nuevamente aquí; todo lo que realmente he tratado de hacer es liberarnos del compromiso de comprender lo que Dios bíblicamente nos llama a hacer y en quienes Dios nos llama a ser.

Una vez que eliminamos este compromiso en nuestro entendimiento, solo nos queda un compromiso por abordar: el compromiso que evita que el Señor sea la prioridad absoluta en nuestras vidas, incluidas en todas nuestras relaciones y en todo lo que hacemos y decimos.

Eliminar todo compromiso puede parecer extremo como muchas otras afirmaciones en este libro y, tal vez, incluso irrazonable o inalcanzable. Sin embargo, Jesús lo afirmo en sus brillantes declaraciones:

"Grandes multitudes acompañaban a Jesús; y Él, volviéndose, les dijo: 'Si alguien viene a Mí, y no aborrece a su padre y madre, a *su* mujer e hijos, a *sus* hermanos y hermanas, y aun hasta su propia vida, no puede ser Mi discípulo... así pues, cualquiera de ustedes que no renuncie a todas sus posesiones, no puede ser Mi discípulo'". (Lucas 14: 25-26, 33)

En estos versículos, Jesús, obviamente, no nos está ordenando que odiemos a nuestras familias: Él está usando un recurso literario para enfatizar cómo nuestro amor y compromiso con Él debe ser mucho mayor que nuestro amor y compromiso con nuestra familia (la comparación de los dos parece una comparación de amor y odio, pero no lo es). Por este motivo, el mejor lugar en mi vida donde mi familia puede estar es siempre debajo de Él. De esta manera, mi familia tendrá a un hombre piadoso con el amor y la sabiduría de Dios como esposo, hijo, padre y hermano. Si pongo a alguno de ellos por delante de Él, o incluso dejo que alguien compita con Él en importancia, entonces mi familia tendría no solo a un hombre de menor temple, sino también a uno impío.

Lo que se aplica a mi familia también se aplica a mi lugar de trabajo, mis amistades y cualquier otra relación, y lo que se aplica a las relaciones también se aplica a todo lo demás. Jesús dijo que sus discípulos debían renunciar a todo lo que tuvieran, aunque esto no significa que todos debamos dar todo lo que tenemos a los pobres como Él le pidió al joven rico (Marcos 10: 17-21). Simplemente significa que debemos darle todo a Él y, luego, dejar que Él decida qué podemos conservar y qué debemos soltar

En el prefacio, dije que esta obra no incluiría ninguna historia, sin embargo, cierro este libro con una breve historia personal de hace varios años: una mañana, estaba en la sala de oración Friends *of the King Ministries* (Ministerio Amigos del Rey) hablando con el Señor y le dije que estaba muy agradecido por todas las formas en que Él me había bendecido y se me había revelado, pero que quería aún más de Él en mi vida. Esto es lo que escuché al Señor decir en respuesta: "Doug, si quieres más de Mí en tu vida, dame más de ti".

Uno pensaría que la reacción de un cristiano a cualquier Palabra personal del Señor sería de entusiasmo, pero mi primera reacción en ese momento fue de incomodidad. No tenía ningún deseo de escuchar lo que sonaba como crítica, desaprobación o incluso una forma de condena de parte del Señor; así mismo, algunos de ustedes pueden sentir algo parecido con respecto a las propuestas hechas en este libro.

Recuerda que nunca hay condenación de Dios para los que están en Cristo Jesús (Romanos 8: 1). La convicción del Espíritu Santo de pecado y justicia es para nosotros, así como para los que aún no son cristianos. ¡Nosotros lo necesitamos! Sus convicciones para Sus hijos son siempre una invitación amorosa y una exhortación alentadora, como cualquier padre amoroso, solo quiere que crezcamos y lleguemos a ser todo lo que podamos ser (Hebreos 5: 11–6: 2).

Después de reflexionar, me di cuenta de que mi malestar estaba arraigado en mi resistencia para dejar algunas de las cosas que sentía que Él me estaba pidiendo que dejara. Quería que Él se acercara más a mí sin que yo tuviera que acercarme más a Él primero —aunque Dios haga esto a veces, no es Su enfoque normal, particularmente para los cristianos experimentados—. Después de todo, Él es Dios y espera más de aquellos a quienes les ha dado mucho porque quiere que tengan aún más y lleguen a aún más lejos (Lucas 12:48). Soy como una obra en progreso, de vez en cuando tengo dificultades para apreciar este principio divino, pero sé que Él siempre tiene la razón y sé que soy el beneficiario constante de Su asombrosa gracia.

La palabra griega para "gracia" es *charis* y se define mejor como benevolencia, obsequio o favor no ganado o merecido. Muchos entienden que este favor inmerecido de Dios es el regalo de la gracia de Jesús, Su Hijo unigénito y salvador enviado a morir por nuestros pecados cuando todavía éramos pecadores (Juan 3:16; Romanos 5: 8) Con este regalo, la sangre de Cristo intercede continuamente por nosotros, incluso después de que nacemos de nuevo, porque continuamos pecando y necesitamos esa cobertura (Romanos 8:34; 1 Juan 1: 7). Ahora bien, si esto te ha parecido maravilloso, te digo que la gracia es más de lo que he mencionado.

Dios también nos da el regalo de la gracia de Jesús como Señor, Rey de reyes que tiene toda la autoridad en el cielo y la tierra, incluida la autoridad sobre el mal que busca destruirnos (Mateo 28: 18-20). Dios nos da el don de gracia de su Espíritu Santo para vivir dentro de nosotros, darnos poder, transformarnos y mantenernos conectados con Él. Dios nos da el regalo de la gracia porque es un Padre celestial eterno que nunca deja de amar a Sus hijos y siempre está observando y esperando que recobremos nuestros sentidos, dejemos de dirigir nuestras propias vidas y regresemos a casa (Lucas 15: 11-24).

Por último, el regalo de gracia inmerecida de Dios para nosotros es Él mismo, y te digo que mil libros no son suficientes para entender lo asombroso que es ese regalo. El presente libro trata más sobre cómo respondemos y sobre cómo podemos corresponder, ya que Dios se ha dado a sí mismo y ahora yo puedo dar mi vida a Él (Mateo 10:39).

> "Si quieres más de Mí en tu vida, dame más de ti".

Vivimos en una época en la que aumenta la luz y la oscuridad, por lo que experimentaremos las dos grandes revelaciones compensatorias que Jesús nos dio sobre la vida en este mundo quebrantado: Él vino para que tuviéramos vida en abundancia (Juan 10:10) y, en esta vida, enfrentaremos tribulación (Juan 16:33).

¡Tengan ánimo porque nuestro Jesús ha vencido al mundo y ahora vive en nosotros! Donde abunda el pecado, la gracia puede abundar mucho más porque Cristo en nosotros es verdaderamente la esperanza de gloria para todos (Romanos 5:20; Colosenses 1:27).

Te invito a que te unas a mí, a una vida con amor, fidelidad, seriedad y entusiasmo apartada para estar con Jesús, ser como Jesús y ser para Jesús. Abracemos juntos el llamado profético y la promesa que Isaías pronunció para el pueblo de Dios: "Levántate, resplandece, porque ha llegado tu luz y la gloria del Señor ha amanecido sobre ti. Porque tinieblas cubrirán la tierra y densa oscuridad los pueblos. Pero sobre ti amanecerá el Señor y sobre ti aparecerá Su gloria. (Isaías 60: 1-2).

Con todo mi corazón, creo que entonces experimentaremos la gran revelación que Jesús siempre ha querido que experimentemos: "… Pues tantas como sean las promesas de Dios, en Él *todas* son sí. Por eso también por medio de Él, *es nuestro* Amén, para la gloria de Dios por medio de nosotros" (2 Corintios 1:20).

APÉNDICE

LAS MUJERES SON CLAVE PARA EL PRÓXIMO GRAN DESPERTAR

> Y dijo Dios: "Hagamos al hombre a Nuestra imagen,
> conforme a Nuestra semejanza; y ejerza dominio sobre
> los peces del mar, sobre las aves del cielo, sobre los
> ganados, sobre toda la tierra, y sobre todo reptil que se
> arrastra sobre la tierra". Dios creó al hombre a imagen
> Suya, a imagen de Dios lo creó; varón y hembra los creó.
>
> (Génesis 1:26–27)

Dios creó a la humanidad a Su imagen, hombre y mujer los creó, para tener señorío bajo Su señorío sobre la tierra. Llamo a la mujer "ayudante" del hombre, que es un término de honor que Dios usó a menudo para sí mismo (Génesis 2:18; Éxodo 18: 4; Salmos 54: 4); en este momento, ambos estaban vestidos de gloria.

Cuando vino el pecado, la serpiente tentó a la mujer, la "novata" en el Paraíso, quien luego tentó al hombre que la amaba (Génesis 3). De allí en adelante, ambos pasaron a vestirse con pieles de animales en lugar de gloria.

Exiliados en un mundo hostil, las mujeres tendrían que tener por más tiempo a sus hijos en el útero para que estos pudieran sobrevivir después del nacimiento. Aparte, estarían casadas con hombres despiadados, con hombres caídos, —hombres que no solo buscaban el dominio sobre la tierra sino, también, sobre las mujeres—; pues dado que ellos llevaban armas mientras que las mujeres llevaban bebés, tenían éxito dominándolas mientras luchaban por dominar a otros hombres (Génesis 3:16, 4: 8). Así ha sido la historia desde entonces, incluso la actitud de los talibanes hacia las mujeres es tan antigua como el pecado mismo.

Sin embargo, una vez que Dios entró en pacto con el pueblo hebreo, comenzó a revelar cuán malo era tratar mal a las mujeres. "Honra a tu madre", ordenó (Éxodo 20:12). ¡Honra el matrimonio! (Éxodo 20:14) ¡Valora y alaba a una esposa piadosa! (Proverbios 31: 10–31)

Dios escogió mujeres como Miriam y Hulda para profetizar Su palabra, eligió a Ester "para un tiempo como este" para que fuera la salvadora de su pueblo, y eligió a Débora para juzgar a todo Israel. Si no estuviera dentro de la voluntad de Dios que una mujer predicara, enseñara o dirigiera, estas cosas nunca podrían haber ocurrido.

Para la venida de Jesús, Dios eligió tanto a una mujer especial como a un hombre especial para criar a Su Hijo, también eligió a un profeta y a una profetisa para declarar al bebé nacido, el Cristo (Lucas 4: 25–38). Además, desde el comienzo de Su ministerio, Jesús fue seguido tanto por hombres como por mujeres, y las mujeres demostraron ser más fieles al final (Marcos 14:50, 15:40).

Jesús reveló personalmente Su identidad divina tanto a un hombre rico como a una mujer marginada (Juan 3, 4); también invitó a las mujeres a hacer lo que ningún otro rabino les había permitido jamás: sentarse a sus pies y aprender (Lucas 10:39), y cuando resucitó de entre los muertos, Jesús dio la noticia a las mujeres fieles primero y, luego, les pidió que se lo dijeran a los hombres (Mateo 28: 9–10; Juan 20: 1–18).

Quizás nada demuestra más la tendencia pecaminosa del hombre para dominar a las mujeres que el hecho de que los discípulos no les creyeron a las mujeres que Jesús envió (Marcos 16:11); y, de hecho, Jesús los reprendió por eso (v. 14).

Por otro lado, Jesús les dijo a todos sus discípulos que serían Sus testigos en el mundo y que recibirían poder desde lo alto (Hechos 1: 3-8). Todo ocurrió tal como lo profetizó Joel: el Espíritu Santo fue derramado en Pentecostés sobre 120 hombres y mujeres, ¡y todos fueron llenos de Dios! ¡Hijos e hijas! ¡Siervos y siervas del Señor! (Hechos 2: 17-18)

En los años posteriores al Pentecostés y, a pesar de la continua dominación masculina en la cultura general, Chloe y Lydia fueron anfitrionas de las iglesias que conformaron en sus hogares; las cuatro hijas de Felipe profetizaron; Febe fue reconocida como diácono; Priscila y su esposo, Aquila, fueron los amados colaboradores de Pablo en el Evangelio y, juntos, enseñaron a un predicador poderoso, Apolos, la plenitud de ese Evangelio (Hechos 18:26); el matrimonio entre Andrónico y Junia fue "sobresaliente entre los apóstoles" (Romanos 16: 7).

Si las mujeres no podían predicar, enseñar o liderar en la iglesia, entonces estas cosas no debieron ocurrir. ¿Qué fue lo que pasó? ¿Cómo es que gran parte de la iglesia llegó a creer más tarde que las mujeres seguían siendo ciudadanas de segunda clase? ¿Dónde perdimos la gran verdad? "no hay hombre ni mujer, porque todos son uno en Cristo Jesús. ... herederos según la promesa" (Gálatas 3: 28-29).

Como era de esperar, las libertades recién descubiertas de las mujeres en Cristo llevaron a algunos errores de "novato", particularmente en cuanto al matrimonio. El matrimonio cristiano es el núcleo de la familia cristiana y, a su vez, es el núcleo de la comunidad cristiana y el Señor no quiere un matrimonio dividido más de lo que quiere una iglesia dividida. Por esta razón, Dios aclaró a través de Pablo que en las áreas donde no podían llegar a un acuerdo, la esposa debía respetar y someterse al esposo (Efesios 5: 22–33).

Nota: La esposa fue llamada a someterse, no a obedecer como un hijo obedece a un padre o un sirviente a su amo; y, un esposo fue llamado a apreciar a su esposa como lo hicieron Aquila y Andrónico, sacando su esplendor en lugar de apagarlo. El señorío de un marido sobre su esposa no es el de un hombre pecador, que domina a la gente, sino el de un hombre piadoso como Cristo, que se sacrifica y sirve (Mateo 20: 25-28).

Pablo también abordó situaciones en las reuniones de la iglesia en las que algunas esposas hablaban de maneras que parecían irrespetuosas para sus esposos. Pablo les recomendó que abordaran esos asuntos en casa (1 Corintios 14: 33–36; 1 Timoteo 2: 11–15).

Nota: La palabra griega para "esposa" también significa "mujer", pero Pablo usó constantemente diferentes palabras griegas para referirse a "hombre" y "esposo". También usó diferentes palabras para referirse a "masculino" y "femenino". De las palabras griegas que Pablo eligió, queda claro que estaba pidiendo a las "esposas", —no a las "mujeres" o "femenino" —, que guardaran silencio en lugar de enseñar o afirmar unilateralmente la autoridad sobre sus maridos. Para este momento, Pablo ya había honrado específicamente el derecho de las mujeres a orar y profetizar en las reuniones de la iglesia (1 Corintios 11: 5).

Desafortunadamente, la iglesia no demostró con el tiempo ser inmune a la cultura griega o al Imperio Romano, los cuales estaban gobernados por hombres pecadores. En unos pocos siglos, la iglesia retrocedió a un modelo de sacerdotes y personas del Antiguo Testamento, en lugar de un sacerdocio real de creyentes (solo se nombraron hombres). Cuando se tradujo el Nuevo Testamento al latín, se cambiaron las palabras de Pablo y se tradujo "a las mujeres", no a las esposas, que guardaran silencio.

Podría compartir algunas citas muy humillantes para las mujeres de teólogos respetados como Agustín y Tomás de Aquino. También podría discutir el grave error de pensar que la única forma de dar igualdad a las mujeres es declarar que estas Escrituras incomprendidas ya no tienen autoridad y así, "confundir la hierba con la maleza".

Sin embargo, simplemente señalaré cómo John Wesley y Charles Finney empoderaron a las mujeres para predicar y orar en el Primer y Segundo Gran Despertar, cómo las mujeres ayudaron a liderar el Avivamiento de la Calle Azusa y cuán gloriosos son los dones y llamamientos de Anne Graham Lotz, Madre. Teresa, Beth Moore, Joyce Meyer, Kay Arthur, Heidi Baker y muchas otras hermanas modernas en Cristo.

Satanás dividió el equipo masculino y femenino en el Jardín, pero Jesús pagó el precio. Así que, si queremos otro Gran Despertar, debemos aceptar lo que hizo Jesús.

Dios los bendiga y Dios bendiga a nuestra comunidad.